Ursula Craemer

Auf der Suche nach der verlorenen Kindheit

Ein Weg, das Energiepotential zu entdecken, das du als Kind nicht leben durftest

edition Tramontane

1. Auflage 1992

Printed in Germany
ISBN 3-925828-26-5

Inhalt

Vorwort

Es gibt nächtliche Träume, die uns ein Leben lang begleiten. Manche sind wie gute Freunde. Sie drücken ein Lebensgefühl aus, eine tiefe Sehnsucht. Ich habe einen solchen Traum, der in Variationen immer wiederkehrt.

Der Inhalt des Traumes:

Gemeinsam mit mehreren anderen Personen, lebe ich in einer großen Wohnung. Jeder hat sein eigenes Zimmer, es gibt genügend Platz, um sich bequem einzurichten. Die Umgebung, die Menschen sind mir vertraut, ich fühle mich eigentlich recht wohl. Doch irgend etwas fehlt. Ich werde unruhig, laufe hin und her, wie ein eingesperrtes Tier. Die Hausbesitzerin kommt und beschwert sich über ungeputzte Treppen oder ähnliches. Plötzlich wird mir alles zu muffig und eng. Ich will raus, suche nach der Wohnungstür, finde sie aber nicht. Da entdecke ich eine fremde Tür. Ich spüre Erregung und ein tiefes Glücksgefühl. Die Tür geht auf, und ich betrete einen mir unbekannten Gang. Manchmal gehe ich auch drei oder vier Treppenstufen hoch und erreiche eine andere Ebene. Vor mir öffnet sich ein Bereich der Wohnung, von dem ich im Traum weiß, daß er immer da war, daß ich ihn nur vergessen habe.

In jedem neuen Traum finde ich andere Räume vor. Gläserne Aufbauten auf einem terrassenförmigen Haus, barocke Säle oder lichtdurchflutete helle große Räume mit Fenstern bis zum Boden und einer offenen Flügeltür, die zu einem parkähnlichen Garten führt. Es gibt viel zu entdecken in diesem unbekannten Teil meiner Wohnung. Festlich gedeckte Tische, oder ein zauberhafter Blick von einer hochgelegenen Terrasse über die abendliche Stadt, Säulen, wandhohe Spiegel, in denen sich Kerzen reflektieren, dies alles lädt mich ein zu bleiben. Doch selbst im Traum weiß ich, daß ich nicht immer hier leben möchte. Aber es macht mich glücklich, daß es diese überraschenden Lebensräume in meiner Wohnung gibt.

Ich kehre noch während des Traumes in die bekannte, vertraute Wohnung zurück. Ich verrate niemandem, was ich entdeckt habe, weil ich mir über eine Nutzung noch Gedanken machen möchte und weil ich das Gefühl habe, daß die verborgenen Räume nur mir allein gehören.

Es gibt noch einen anderen Traum, fast ein Alptraum. Diesmal bin ich in einem alten verwinkelten Haus mit vielen Stockwerken. Alles ist ein wenig durcheinander. Türen gehen auf halber Stockwerkshöhe ab, geheimnisvolle Gänge führen irgendwohin. Manchmal sind die Treppenstufen viel zu hoch, manchmal muß ich mich durch enge Spalten zwängen. Manche Türen stehen offen und ich sehe in skurrile, fantastische Räume, zum Teil hoch und weit, zum Teil wie gemütliche Wohnhöhlen. Überall sind Menschen. Doch ich weiß, daß ich in diesem Treppenhaus weiter hinauf muß. Der Grund ist mir unbekannt, ich habe einen Auftrag, eine Pflicht zu erfüllen. Beim Hinaufsteigen wird es immer enger, immer beschwerlicher. Ich muß durch niedrige Gänge kriechen, immer mit der Angst, daß ich steckenbleiben könnte. Vor mir gibt es viel zu enge Türen. Ich kann mich nicht mehr rühren, bekomme keine Luft. Es ist so stickig und staubig. An diesem Punkt bin ich zum Glück immer aufgewacht. Deshalb weiß ich auch nicht, wozu ich dort hinauf getrieben wurde, denn meinen Auftrag konnte ich nie ausführen.

In dem Haus gibt es eine Menge zu entdecken. Amüsante und verrückte Menschen leben hier, unterhalten sich im Treppenhaus und hocken miteinander in den Gängen. Sie sind freundlich zu mir. Manche laden mich in ihre Wohnung ein. Warum bleibe ich nicht hier bei ihnen? Ich würde auch gerne wissen, wohin die verwinkelten Gänge führen. Aber ich kenne nur diesen einen Weg, immer weiter nach oben, bis ich irgendwo steckenbleibe. Und während ich in diesem Haus herumirre, wird mir klar: das ist wieder dieser blöde Traum, in dem es immer enger und enger wird, bis ich glaube, zu ersticken.

Ich weiß nicht, ob Sie das kennen, daß sich im Traum so etwas wie das Wachbewußtsein einschaltet. Bei mir funktioniert es manchmal. Deshalb habe ich mir nach dem letzten Traum von diesem verrückten Haus vorgenommen: Beim nächstenmal werde ich mir einfach alles anschauen, meine Neugier, meine Entdeckungslust zulassen, Leute besuchen und den Auftrag im obersten Stockwerk vergessen. Da ich es noch nie geschafft habe, da hinaufzukommen, kann ich es auch lassen. Leider habe ich den Traum danach nie wieder geträumt. Ich vermute, daß alleine der Vorsatz, mich nicht mehr starr an meinen Auftrag, an mein Pflichtgefühl zu halten, den Traum unnötig gemacht hat.

Für mich ist der zweite Traum das genaue Gegenstück zum ersten. Die Konsequenz, mit der ich jede Regung von Neugier, jedes Interesse an dem obskuren Haus unterdrücke oder nicht einmal wahrnehme und immer weiter in die absolute Enge gerate, ist zumindest ein Teilaspekt des sogenannten erwachsenen Lebens. Man fühlt sich irgendeinem Auftrag verpflichtet und wird immer »enger«, immer bewegungsloser. Auf der Strecke bleiben Fähigkeiten, Begabungen, Interessen, Gefühle, die aus uns erst eine Ganzheit machen, die ein Recht haben, gelebt zu werden. Zum Glück sind sie nicht verloren, man kann sie wiederfinden, so wie ich im ersten Traum vergessene Räume wiederfinde. Sie sind noch in uns vorhanden. Das Absurde daran ist, daß wir eine Menge Energie aufwenden, sie in ihrem Versteck zu halten. Energie, die ebenso vergeudet ist, wie meine Anstrengung im Traum, in dieses oberste Stockwerk zu kommen.

Jeder Mensch hat diese verborgenen Räume in sich, die er nie betritt, weil sie in der Kindheit mit einem Tabu belegt wurden. Und so geschieht es dann, daß zum Beispiel eine sogenannte »starke Frau« panische Angst vor ihrer eigenen Schwäche hat und sie weder leben noch eingestehen kann, weil für sie Schwäche gleichbedeutend mit Vernichtung ist. Wenn sie diese alte Angst wiederentdeckt und lernt, daß ihre heutige Situation anders ist, daß sie inzwischen stark genug ist, um ihre Schwäche, ihr inneres Kind zu verteidigen, kann sie beginnen, die Teile zuzulassen, die sie erst zu einer ganzen Persönlichkeit machen. Sie bleibt stark, warum sollte sich das ändern, doch ihre Stärke ist elastischer, vitaler, weil in ihr auch die Schwäche leben darf. Sie kann eine alte panische Angst loslassen und verliert die Starre.

Wir haben mit vielen unterschiedlichen Anlagen und Möglichkeiten diese Welt betreten. Doch dann scheint sich alles auf ein Mindestmaß reduzieren zu wollen. „Nur eines ist wichtig im Leben, daß Du ..." Was auch immer! Solche sogenannten Lebensverträge können so unterschiedlich sein, wie die Menschen selbst. In meinem Traum war es wichtig, den unaufhaltsamen Aufstieg ins obere Stockwerk zu bewältigen, um in die »Klemme« zu geraten. Ein anderer Lebensvertrag könnte heißen: „Ich darf nie im Leben einer Autorität widersprechen." Oder: „Ich werde mir niemals Ruhe gönnen. Ich muß mehr leisten als jeder andere!"

Manche Menschen befürchten, daß ihnen der Himmel auf den Kopf fällt, wenn sie sich wirklich einmal glücklich fühlen. Und es gibt andere, die jede Lustempfindung vermeiden, weil sie ganz sicher sind, daß auf Lust Strafe folgen muß.

Ist das wirklich »Erwachsenwerden«, wenn wir einen Weg gehen, der uns immer ärmer an Lustgefühlen, an Spaß, an Spontaneität macht? Wer hat das Recht, uns zu einem so langweiligen und freudlosen Leben zu verdammen? Niemand! Doch fatalerweise haben wir diese Aufgabe inzwischen selbst übernommen. Das Werk, das in der Kindheit begonnen wurde, aus dem lebhaften, spitzbübischen, wissensdurstigen und fantasievollen Kind ein artiges Kind zu machen, das setzen wir selbst verbissen fort, wenn die Eltern längst keine Macht mehr über uns haben.

Wozu ich Sie mit diesem Buch einlade, ist eine direkte Kehrtwendung. Es lohnt sich, dieser ständigen Selbstbeschneidung ein Ende zu machen und zu beginnen, vergessene Räume neu zu entdecken und für das Leben zu öffnen.

Einleitung

Blockierte Fähigkeiten und Energien

„Man spricht vom Kind, sollte aber das Kind im Erwachsenen meinen. Im Erwachsenen steckt nämlich ein Kind, ein ewiges Kind, ein immer noch Werdendes, nie Fertiges, das beständiger Pflege, Aufmerksamkeit und Erziehung bedürfte. Das ist der Teil der menschlichen Persönlichkeit, der sich zur Ganzheit entwickeln möchte." C. G. Jung*

In jedem von uns lebt das Kind, das wir einmal waren. Ist dieses Kind ein integrierter Teil unserer Persönlichkeit – also ein geliebter und geachteter Teil –, so erleben wir das Gefühl der Ganzheit. Wir verfügen über einen unerschöpflichen Speicher an Kreativität, Begeisterungs- und Liebesfähigkeit.

Nun ist es schwer für einen Menschen, der in der Kindheit nur partiell Liebe, Akzeptanz und Achtung erfahren hat, der weiß, daß ganze Bereiche seiner kindlichen Persönlichkeit ins Abseits gestellt wurden, zu dieser Ganzheit zu finden.

Spontaneität, die unterdrückt wurde – Lebhaftigkeit, die gedämpft wurde – Entdeckungslust, die unterbunden wurde – Liebe, die sich in Enttäuschung wandelte, werden zu unverdaulichen Brocken, die wir mit uns herumtragen. Aus positiven Energien entstanden Traurigkeit, Trotz, Verweigerung, Resignation, Ängstlichkeit, Minderwertigkeitsgefühle oder unterdrückte Wut. Diese Gefühle beeinflussen bewußt oder unbewußt das Zusammenleben mit unseren Partnern, unsere Fähigkeit, Ziele anzugehen und zu verwirklichen, unsere Einstellung zum Leben und unsere Vitalität.

Wie kann eine nachträgliche Integration, eine Zurückführung der Gefühle in die ursprünglichen Impulse gelingen? Wie kann

* C. G. Jung: Vom Werden der Persönlichkeit: Vortrag, Wien 1932. *Gesammelte Werke 17,* Walter-Verlag, Olten 1982

aus Resignation wieder Liebe, aus Ängstlichkeit wieder Spontaneität werden?

Freud erkannte früh, daß die reine Erinnerung an vergessene Kindheitserfahrungen keine heilende Wirkung hat, solange nicht auch das verborgene Gefühl wiederentdeckt, wieder lebendig wird. Mit rein verbalen, analysierenden Therapie-Techniken dürfte dies äußerst selten gelingen, da der Kopf die Herrschaft behält. Der Kopf denkt, aber nur der ganze Körper kann Gefühle wieder lebendig werden lassen. Nehmen wir zum Beispiel die Resignation. Wir sind nicht mit Resignation zur Welt gekommen, sie ist an die Stelle eines anderen Gefühls getreten. Vielleicht hat sie dieses ursprüngliche Gefühl völlig überwuchert und erstickt. Die Resignation lähmt die Arme, die Stimme wird stumpf und im Nacken entsteht ein Gefühl, als würde uns der Kopf nach unten gedrückt. Doch wenn es uns gelingt, durch die Resignation hindurchzugehen und zu den Gefühlen zu kommen, die davor liegen, vielleicht Wut oder Trotz, und weiter, immer weiter zurück, durch Verletzung, durch Zurückweisung, durch Sehnsucht, bis wir zum Ursprung kommen, dann spüren wir, daß der Ursprung Liebe ist.

In vielen Bereichen wird der Erwachsene zum Sklaven des unerlösten inneren Kindes. Der Mann, der jede Beziehung innerhalb kürzester Zeit zerstört, weil er Liebe nur als Bedrohung empfinden kann; die junge Frau, die so lange hungert, bis keine Spur ihrer Weiblichkeit, nicht einmal eine regelmäßige Menstruation übrigbleiben. Für das unerlöste Kind in uns haben wir die absurdesten Lebensverträge geschlossen und dicke Schutzpanzer gebaut, damit schmerzliche alte Wunden nicht wieder aufreißen. Doch diese ängstliche Haltung blockiert Energie, läßt uns nicht frei leben. Müssen wir uns zum Beispiel damit abfinden, daß die Verlassensangst, die wir als Zweijährige empfanden, wenn die Mutter abends nicht zu Hause blieb, noch heute unser Leben, unser Zusammenleben mit dem Partner bestimmt?

Es geht nicht darum, ein anderer Mensch zu werden, ganz im Gegenteil. Es geht darum, all die ungelebten Möglichkeiten, die in uns sind, aus ihrem Gefängnis zu befreien. Wer immer nur stark sein durfte, für den ist es fast unvorstellbar, seine Schwäche zu leben, weil er Angst hat, den Boden unter den Füßen zu verlieren. Diese Angst ist sehr alt, aber die Wirklichkeit von damals entspricht nicht mehr der Wirklichkeit von heute. Also können wir beginnen, eine neue Realität zu akzeptieren – und es ist sehr schön, auch einmal schwach sein zu dürfen! Ich bin stark, wenn es gut ist, stark zu sein. Und ich lebe meine Schwäche, wenn es mir gut tut, schwach zu sein. Vielleicht gibt es sogar jemanden, der mir seine Schulter zum Anlehnen bietet. Solange ich nur die Möglichkeit der Stärke für mich akzeptiere, kann ich diese angebotene Schulter nicht wahrnehmen oder sehe nur eine Falle darin.

Dieses Buch ist eine Einladung, dorthin zurückzugehen, wo die alten Wunden entstanden, sie auf der Ebene des Körpers und der Seele zu heilen. Nehmen Sie das Kind, das Sie nicht sein durften, an die Hand und öffnen Sie den Weg zu blockierten Fähigkeiten und Energien. Lassen Sie das Kind in sich wachsen, stark und selbstbewußt werden, dann können Sie auch den dicken inneren Schutzpanzer ablegen, um mehr Leben zu gewinnen.

1

Das Kind von früher lebt in uns weiter

„Der Mensch, der das Irrationale zurückweist, verneint das kleine Kind in sich. Er hat – zu seinem Unglück – gelernt, daß es keinen Zweck hat zu weinen, weil die Mutter sowieso nie kommt. Er stellt kaum Forderungen an das Leben, weil ihm schon früh eingebläut wurde, daß seine Forderungen unvernünftig sind. Er ist ein vernünftiger Mensch geworden, hat aber alle körperliche Lust und Lebendigkeit eingebüßt . . .“ Alexander Lowen*

Ein Kind wird geboren und trägt schon das ganze Spektrum seiner Möglichkeiten in sich. Doch um diese individuellen Anlagen zu entwickeln, braucht es das Du, es braucht Ansprache, Kontakt, Berührung, alle Formen einer liebevollen Zuwendung.

Wie eine Entwicklung ohne diese Zuwendung aussieht, zeigen Untersuchungen von Säuglingen in Findelhäusern und Säuglingsheimen von René A. Spitz**. Die Babys wurden bis zum dritten Lebensmonat von ihren eigenen Müttern oder von Ersatzmüttern gestillt und versorgt. Später wurden sie nur noch von einer Säuglingsschwester betreut, die sich gleichzeitig um zehn Säuglinge, um deren Wäsche, um Hygiene und Ernährung kümmern mußte. Diese Schwester hatte nicht einmal Zeit, die Babys beim Füttern auf den Arm zu nehmen, die Flasche kam in eine Haltevorrichtung. Es fehlte weder an medizinischer Versorgung noch an einer ausreichenden Ernährung, doch es fehlte an emotionaler Zuwendung, die Säuglinge wurden in keiner Weise »bemuttert«.

„Nach der Trennung von ihren Müttern durchliefen diese Kinder zunächst die Stadien des fortschreitenden Verfalls . . .“ Zu Beginn der Trennungsphase wurden die Kinder weinerlich und

* Alexander Lowen: *Der Verrat am Körper.* Scherz Verlag, Bern und München 1980
** René A. Spitz: *Vom Säugling zum Kleinkind.* Ernst Klett Verlag, Stuttgart 1972

klammerten sich an jeden Untersuchungsbeobachter, dem es gelang, Kontakt mit ihnen aufzunehmen.

Im zweiten Monat kam es zu Gewichtsverlust. Der Entwicklungsquotient stieg nicht mehr. Später verweigerten die Kinder den Kontakt. Sie lagen apathisch, aber schlaflos in ihren Bettchen auf dem Bauch. Der Gesichtsausdruck wurde starr, häufig traten Erkrankungen auf, die motorische Verlangsamung wurde allgemein. Nach wenigen Monaten waren die Säuglinge völlig abgemagert, total lethargisch und der Entwicklungsquotient begann zu sinken.

In den beobachteten Fällen, bei denen die Mutter nach vorübergehender Abwesenheit (Gefängnis, Krankheit usw.) wieder mit den Kindern zusammen sein konnte, besserte sich der Zustand rasch. Die Kinder begannen den Entwicklungsrückstand aufzuholen, wobei traumatische Spätfolgen nicht untersucht werden konnten. Die anderen, die auf Dauer emotional unterversorgten Kinder konnten mit vier Jahren zu fünfundzwanzig Prozent noch nicht laufen, mehr als die Hälfte noch nicht alleine mit dem Löffel essen. Unter einundzwanzig Kindern konnte sich nur eines alleine anziehen, sechs Kinder überhaupt nicht sprechen und nur ein Kind konnte in Sätzen sprechen. Diese Kinder sind emotional verhungert, von einundneunzig Kindern im Findelheim sind im ersten Lebensjahr siebenundzwanzig gestorben.

Die Mutter, der Vater, die Geschwister, die Großeltern, jedes Gesicht, das sich dem kleinen neuen Erdenbürger zuneigt, ist eine Brücke zur Welt, zum Leben, aber auch zum eigenen Selbst. Ein Baby, dem das erste Lächeln über das Gesicht huscht und das in den Augen, in der Stimme und in der Berührung der Mutter die ganze Freude über dieses erste Lächeln intuitiv erfährt, wird sein Lächeln als etwas Schönes, Wertvolles erfahren, etwas, das Freude und Liebe auslöst. Daraus entwickelt sich mit der Zeit das Gefühl, liebenswert zu sein – ich bin wert, geliebt zu werden. Nun besteht ein Kind nicht nur aus Lächeln und Wohlbehagen. Möglich, daß dieses Kind, sobald es ein Unbehagen ausdrückt, zum Beispiel Langeweile, Hunger, Einsamkeit, und schreit, eine völlig andere

Erfahrung mit der Mutter macht. Vielleicht ist ihre Stimme ungeduldig und gereizt, ihre Berührung weniger zärtlich. Für das ganz kleine Kind sind Lächeln oder Schreien völlig wertfreie Gefühlsäußerungen. Nun lernt es zu unterscheiden, daß auf das Lächeln eine positive Reaktion kommt, auf das Schreien eine negative. Und es wird lernen: es ist gut, freundliche Gefühle zu äußern, es ist schlecht zu zeigen, wenn man sich nicht wohlfühlt oder wenn man etwas will.

Ein Kind braucht Liebe und Sicherheit, um Vertrauen zur Welt aufzubauen, es braucht Raum, um die eigene Individualität zu entwickeln. Es braucht Grenzen, innerhalb derer es sich im Leben einrichten kann. Jeder Mangel über längere Zeit, jede häufig wiederholte Verletzung bei diesen Grundbedürfnissen, hinterlassen Wunden, die nur sehr schwer verheilen und für immer zu schmerzenden oder gefühllosen Narben werden. Aber das Kind in uns möchte wieder heil werden, es möchte, daß sich die Wunden endgültig schließen. Das führt zu einer ständigen Wiederholung von schmerzlichen Situationen, in der Hoffnung, daß es diesmal zur Erlösung führt. Da ist der Mann, der in jeder neuen Liebesbeziehung eine versorgende, zuverlässige Mutter sucht, aber mit traumwandlerischer Sicherheit auf Frauen trifft, die selbst Schutz und Sicherheit suchen und dieser Rolle, selbst wenn sie es wollten, nicht gewachsen sind. Ebensowenig, wie seine Mutter ihm wirklich Schutz und Geborgenheit bieten konnte.

Die Menschen, die uns in den ersten Lebensjahren am nächsten standen, meistens die Eltern, haben uns geprägt. Der Konflikt, den wir als Kinder mit ihnen hatten, lebt in uns weiter. Wir hegen und pflegen diesen Konflikt in uns, statt hinter uns zu lassen, was der Vergangenheit angehört. Es ist, als ob wir diesen vertrauten Konflikt nicht missen möchten. Später werde ich dies unter dem Begriff »das Daheim-Gefühl« noch genauer beschreiben.

Vorwürfe wie: „Du schaffst das nicht, du bist ein Versager!“ oder „Du mußt doch vernünftig sein, du kannst dich nicht so gehen lassen!“ setzen wir gegen uns selbst ein. Und schon ist der alte Konflikt da, der innere Kampf wird verläßlich mit den alten

Kampfparolen fortgeführt. Das Kind in uns sagt: „Ich will nicht immer vernünftig sein, das ist langweilig, ich fühle mich wie in einem Gefängnis, ich will ausbrechen!“ Und der Erwachsene in uns antwortet: „Das können sich vielleicht andere erlauben. Aber wenn ich unvernünftig bin, gerät alles außer Kontrolle. Ich darf die Kontrolle nicht verlieren. Das ist viel zu gefährlich.“ Für dieses endlose Spiel setzen wir einen Großteil unserer Energie ein, die wir anders einsetzen könnten, um ein erfülltes Leben zu führen.

Wie kann man aus dieser Falle herauskommen? Leider gibt es niemanden, der uns die Tür aufschließt und uns den Weg ebnet. Wenn erwachsene Menschen auf die Erlösung aus dem Kindheitstrauma durch die Eltern warten, bleiben sie innerlich im Stadium der Kindheit stehen. Das führt zu Schuldzuweisung, Kränkung und Abwehr. Sobald der erwachsene Mensch lernt, sich den Eltern gegenüber abzugrenzen, sie aus ihrer überlegenen Rolle zu entlassen, ihre Schwäche und Unfähigkeit wirklich zu sehen, kann er die Verantwortung für sich selbst übernehmen. Ein langsamer Prozeß der Heilung beginnt.

Gerade nach unbefriedigenden Eltern-Kind-Beziehungen fällt es schwer, die Eltern wirklich loszulassen. Petra ist fünfzig Jahre, erfolgreiche Geschäftsfrau und Mutter einer erwachsenen Tochter:

„Als ich meinen Vater nach einem schweren Schlaganfall im Krankenhaus besuchte, nahm er meine Hand in seine Hände und lächelte mich voller Zärtlichkeit an. Es war ein so liebes Lächeln, wie ich es nie an ihm gesehen habe, und niemals zuvor hat er meine Hände so gehalten. Sprechen ließ die Lähmung noch nicht zu. So saßen wir, und es war alles, was ich mir ein Leben lang von ihm gewünscht habe. Als ich sein Zimmer verließ, fing ich hemmungslos an zu heulen. Wie sehr wollte ich immer von meinem Vater angenommen werden, ein bißchen Zärtlichkeit und Verständnis bekommen.

Plötzlich merkte ich, wie sich in meine rührselige Stimmung Sarkasmus mischte. Du stehst in einem Krankenhausfahrstuhl und heulst, weil dein Vater dich angelächelt hat. Dieses Lächeln kann nur bedeuten, daß er dich erstens nicht erkannt hat und zweitens nicht bei Sinnen war und drittens das Ganze vielleicht von der Gesichtslähmung hervorgerufen wurde.

Es war sein Sarkasmus und es war seine Art zu formulieren. Mit diesem 'erstens, zweitens und drittens' pflegte er seinen Ausführungen dieses logische Fundament zu geben, das jeden Einwand ausschloß. Die weichen Gefühle waren weg, übrig blieb nur kalte Wut.

Ich glaube, es war viele Stunden später, am Abend, als ich noch einmal sein Lächeln vor mir sah und wieder die Tränen spürte. Da wurde mir klar, daß dieses liebe Lächeln in seinen Augen war. Es kam aus seinem Herzen, egal ob er mich erkannt hat oder nicht. Daß er überhaupt so ein Lächeln hat, zeigt, daß in ihm noch jemand anderer steckt als dieser kühle, sarkastische Mensch. Vielleicht hat er sich selbst gewünscht, ein lieber, zärtlicher Vater sein zu können. Ich glaube, ich habe ihn für einen einzigen Moment ohne seine dicken Gitterstäbe gesehen. Während seiner langen Krankheit bis zum Tod hat sich eine solche Situation nie wiederholt."

2

Eltern waren auch einmal Kinder

Eltern sind selbst durch ihre persönliche Geschichte geprägt. Auch in ihnen leben die Ängste und Wünsche des Kindes, das sie einmal waren. Auch sie haben diese schmerzlichen oder verhärteten Narben. Die perfekten Eltern gibt es nicht, eine perfekte Erziehung gibt es nicht. Vielleicht ist das ein glücklicher Umstand, denn viele Dinge, die unsere Individualität ausmachen, sind unter beständiger Reibung innerhalb eines Konfliktes oder einer existentiellen Bedrohung entstanden. Es ist die Geschichte vom Helden, der erst seine besonderen Stärken entwickelt, wenn die Bedrohung von außen immer größer wird. Es ist ein Lieblingsthema der Literatur, daß ein Mensch an den inneren und äußeren Forderungen weit über sich, über sein eigenes Mittelmaß hinauswächst. Irgend jemand, ich weiß nicht mehr wer, prägte den Satz: „Wenn Dostojewski nicht fallsüchtig (er litt unter Epilepsie) gewesen wäre, wäre vielleicht ein hervorragender Buchhalter aus ihm geworden."

Durch frühkindliche Konflikte, vorausgesetzt, man war ihnen nicht völlig hilflos ausgeliefert, können Fähigkeiten entwickelt werden, die zu außergewöhnlichen Leistungen auf unterschiedlichsten Gebieten befähigen. Ob es nun die Aufopferung einer Mutter Theresa oder die Besessenheit eines Herbert von Karajan ist, vielleicht wären diese Menschen Mittelmaß geblieben, wären sie nicht durch prägende Kindheitserlebnisse in eine bestimmte Richtung getrieben worden. Ich glaube nicht, daß es Karajan und seine Fangemeinde rund um die Welt gern gesehen hätten, wenn er von seiner Besessenheit erlöst worden wäre. Bei der Wirkung dieses inneren Konfliktes ist es wie bei einem Pendel. Bestimmte Impulse bringen das Pendel zu weitem Schwingen, andere, sich widersprechende Impulse bewirken einen ruckartigen Zickzackkurs oder ein zuckendes Verharren auf einem Punkt. Das sind die Impulse von widersprüchlichen Wünschen und Gefühlen, die zur Erstarrung führen, zum endlosen unfruchtbaren inneren Kampf. Wir werden versuchen, diese Erstarrung ein wenig aufzubrechen und zu befreien, was gefesselt ist.

Dieser Kampf, die eigenen widerstreitenden inneren Bewegungen, wirken sich auch auf die Beziehung zwischen Eltern und Kindern aus. Sie beeinflussen die Fähigkeit, Mutter oder Vater sein zu können. Nehmen Sie zum Beispiel einen jungen Vater, der den eigenen Vater nur als distanzierten, Leistung fordernden Fremden erfahren hat. Er wird es schwer haben, zu seinem Kind, speziell zu seinem eigenen Sohn, ein liebevolles, akzeptierendes Verhältnis aufzubauen. Vielleicht versucht er, seine eigenen Kindheitserfahrungen auszugleichen, alles ganz anders zu machen, und folgt seinem Sohn bei jedem Wunsch, jeder Regung. Er traut sich nicht zu zeigen, wenn er überfordert und genervt ist. Das Kind jedoch empfindet diese Grenzenlosigkeit in Verbindung mit diffusen negativen Gefühlen, die es intuitiv mitbekommt, als Verunsicherung. Die andere Möglichkeit ist, daß der junge Vater das Verhalten des eigenen Vaters wiederholt. Schließlich hat er »gelernt«, wie sich ein richtiger Vater zu benehmen hat, unfähig, die Distanz, unter der er selbst litt, zu durchbrechen.

Eine Frau, die die eigene Geschlechterrolle als etwas Zweitklassiges, Minderwertiges erfahren hat, wird zwar versuchen, ihrer Tochter mehr Selbstvertrauen mitzugeben, doch solange ihre eigenen Minderwertigkeitsgefühle bestehen, wird ihr das nie ganz gelingen.

Wenn Sie selbst Kinder haben, ist es wichtig, sich klarzumachen, daß gerade in der Beziehung zu den eigenen Kindern das innere Kind eine große Rolle spielt. Wir möchten unseren Kindern geben, was wir so sehr entbehrt haben, und sehen dann manchmal nicht, was unsere Kinder wirklich brauchen. Doch jeder Perfektionsanspruch ist auch wieder nur ein neues Gefängnis für unser Selbst. Wir sollten unseren Kindern alles geben, was wir ihnen an emotionaler Zuwendung und an Sicherheit geben können, mehr ist nicht möglich.

3

Für sich selbst die Verantwortung übernehmen

Bei dem Versuch, das innere Kind aus dem alten Gefängnis zu befreien, muß man dazu bereit sein, neue, ungewohnte Wege zu gehen. Die Narben, die sich in unserer Seele gebildet haben, finden sich auch in unserer Haltung, in der Muskulatur, in der Stimme, in der Atmung, in unserem gesamten Umgang mit dem Körper.

Sehen Sie sich ihre Mitmenschen an. Dieser Mann dort zieht die Schultern immer ganz eng zusammen, und sein Kopf sitzt direkt auf den Schultern, ohne daß ein Hals zu sehen ist. Glauben Sie wirklich, er ist so zur Welt gekommen? Versuchen Sie einmal, seine Haltung einzunehmen. Was spüren Sie? Mißtrauen? Ängstlichkeit? Merken Sie, daß Ihre Atmung ganz flach geworden ist? Können Sie sich an Situationen aus der Kindheit erinnern, in denen Sie genau diese Haltung angenommen haben? Waren da nicht unheimliche Geräusche in der Dunkelheit, Angst vor Strafe oder irgendeine andere, nicht genau zu benennende Furcht? Sie ziehen den Kopf ein, die Schultern zusammen und wagen kaum mehr zu atmen. Alle Sinne, vor allem aber die Augen und Ohren sind ängstlich angespannt. Und jetzt lassen Sie die Schultern wieder sinken und Sie werden merken, daß Sie tief atmen. Es fühlt sich fast an wie ein erleichterter Seufzer. Dieser Mann dort kennt dieses befreiende Gefühl kaum, die Angst und das Mißtrauen haben sich in seinem Körper eingenistet und zwingen die Schultern wie in einen Schraubstock, die Atmung ist immer flach, er kennt es nicht anders. Seine Sinne sind ständig ängstlich angespannt, seine Energie voll gebunden. Da bleibt nichts übrig für Lachen, für Leben, für Liebe.

Wenn wir für uns selbst die Verantwortung übernehmen, können wir ganz behutsam anfangen, auf den unterschiedlichen Ebenen die Fesseln zu lockern, das Gefängnis in unserem Kopf, in unserem Herzen und unserem Körper aufzubrechen.

Die Sicherheitsvorkehrungen in einem Gefängnis sind ganz außergewöhnlich, sonst wäre es kein Gefängnis, sondern ein Hotel, wo man kommen und gehen kann, wann man will. Ähnlich ist es mit dem Gefängnis, in das wir das Kind, das wir nicht sein durften, gesteckt haben. Man braucht mehrere Schlüssel, um alle Türen zu öffnen, die zur Freiheit führen.

Deshalb sind in diesem Buch Schlüssel für die unterschiedlichen Ebenen gesammelt. Sie werden merken, daß Sie mit manchen Schlüsseln auf Anhieb leicht umgehen können, während Sie für andere Schlüssel nicht die richtige Tür finden. Das hängt davon ab, welche Ebenen Ihnen vertraut sind. Jemand, der es gewohnt ist, seine Ideen und Wünsche in Wachträumen auszuagieren, da in der Realität der Mut und das Selbstvertrauen fehlen, wird mit dem Traumschlüssel leicht umgehen können, aber es fällt ihm schwer, die Tür zur Realität zu öffnen. Wenn Ihnen also eine Ebene nicht liegt, wenn Sie Widerstand spüren, die Übung unangenehm, kindisch oder peinlich finden, dann ist es vielleicht gerade diese Tür, die Sie dem Kind in sich öffnen müssen, um Freiheit zu finden.

Die Arbeitsweise auf mehreren Ebenen

Die bewußte Ebene

Dies ist die vertraute Ebene des Verstandes, des Kopfes, die in unserer Zeit das größte Gewicht hat. Dies ist auch die Ebene, die ich bisher überwiegend angesprochen habe, um die Zusammenhänge zwischen den Voraussetzungen in der Kindheit und den Möglichkeiten im Leben klarzumachen.

Auf dieser Ebene arbeiten wir mit bewußten Erinnerungen, mit Beobachtungen, mit Analysen. Diese Ebene ist auch wichtig, um die Erfahrungen, die auf der körperlichen und unbewußten Ebene gemacht werden, in unser Leben zu integrieren. Außerdem muß der Kopf die Erlaubnis geben, daß wir uns überhaupt auf diesen Prozeß einlassen. Zwar wird er immer wieder die Bremse ziehen, weil er Angst hat, daß sein absoluter Machtanspruch gefährdet ist, aber ein grundsätzliches Einverständnis muß natürlich da sein. Der Kopf übernimmt die Koordination der Impulse, die wir bereit sind zuzulassen, um das alte Korsett zu sprengen.

Die halbbewußte oder unbewußte Ebene

Das ist die Ebene, die wir aus Träumen kennen, aber auch aus dem Alltagsleben, wenn wir bereit sind, einer Intuition zu folgen. Diese Ebene beeinflußt fast jede Entscheidung, die Sympathien und Antipathien. Im Unterbewußtsein sind Wissen und Erfahrung gesammelt, die sich unserem Bewußtsein entziehen. Dies sind Erinnerungen selbst aus der Zeit vor der Geburt, während unseres embryonalen Lebens, als wir Erfahrungen noch nicht rational erfassen konnten, noch keine Worte hatten, um Dinge zu benennen. Doch auch für dieses Wissen unterhalb unseres Bewußtseins gibt es Schlüssel. Wir benutzen zum Beispiel Fantasiereisen, aktivierende Atemübungen und energetische Übungen.

Die körperliche Ebene

C. G. Jung beschrieb den Körper als äußere Manifestation des lebendigen Bewußtseins. Alexander Lowen geht noch weiter. Er drückt es so aus: Der Körper ist die Person.

Die meisten Krankheiten sind psychosomatisch, das heißt, durch eine psychische Grundhaltung ausgelöst. Dies ist zum Glück inzwischen selbst bei Medizinern unumstritten. Der Mensch, der jeden Ärger herunterschluckt, hat irgendwann einen so großen, unverdaulichen Kloß im Magen, daß der Magen krank wird. Aber wer aufmerksam hinschaut, wird an diesem Menschen noch mehr körperliche Symptome entdecken. Denn dieser Mensch ist nicht mit der Unfähigkeit, Ärger auszudrücken, zur Welt gekommen. Er hat »gelernt«, daß man bestraft wird, sobald man Ärger und Wut zeigt. Die Folge ist, daß zu dem Reflex von Ärger und Wut sofort auch Angst kommt. Je größer die Angst wird, um so mehr wird die Wut »heruntergeschluckt«. Das geht so weit, bis er unfähig ist, Ärger oder Wut überhaupt zu empfinden.

Unser Aggressionstrieb funktioniert noch immer, wie beim ersten Menschen. Wir atmen tief ein, der Brustkorb weitet sich bedrohlich für den Gegner, im Nacken sträuben sich symbolisch noch immer die Haare, Schultern und Kinn werden angriffslustig nach vorne geschoben. Wenn diesem kampfbereiten Urmenschen in uns plötzlich ein übermächtiger Gegner entgegentritt, wird er die Schultern zusammenziehen, das Kinn nach unten sinken lassen, so daß sich der Kopf unterwürfig senkt, und vor Schreck kräftig schlucken. Aus der Drohgebärde wird eine Unterwerfungshaltung. Und genau das ist diesem magenkranken Menschen auch passiert. Der übermächtige Gegner, etwa dreimal so groß wie er selbst, ist die Mutter oder der Vater, manchmal auch beide, die absolut nicht duldeten, daß dieser kleine, wütende Knirps vor ihnen seinen Zorn in irgendeiner Form artikulieren darf. Er hat keine Chance. Und dieser Konflikt ist in seinem Körper eingefroren. Erst wenn es gelingt, die Schultern zu lösen, den Kopf aufzurichten und dem Brustkorb wieder Platz für tiefes Einatmen zu geben, besteht überhaupt die Möglichkeit, daß der Ärger statt im Magen beim rücksichtslosen, aber heute keineswegs mehr übermächtigen Gegenüber landet.

An dieser Stelle möchte ich noch etwas über Aggression sagen. Aggression ist zuerst einmal eine positive lebenserhaltende Kraft. Wenn ich zusehe, wie ein Krähenpaar einen Milan, einen unserer größten heimischen Raubvögel, mit einer Flügelspanne von eineinhalb Metern, angreift und aus dem Brutgebiet vertreibt, gehört diesen Vogeleltern meine volle Bewunderung. Aggression ist dazu da, mein Revier, meine persönlichen Grenzen zu verteidigen. Erst wenn die Aggression ihre natürliche Funktion verliert, also bei Menschen, die sich nicht mehr gegen Angreifer oder schlechte Lebensbedingungen wehren, sondern ihre Wut gegen Dinge oder unterlegene Personen richten, wird die Aggression pervers. Und diese Form der Perversion gibt es nur bei dem Menschen, der »Krone der Schöpfung«.

Die jugendlichen Angreifer, durch Fremdenhaß getrieben, die aus sicherer Entfernung oder dank zahlenmäßiger Überlegenheit gegen ausländische Kinder, Frauen und Männer gewalttätig werden, stammen meistens aus einer unbefriedigenden oder auch erniedrigenden Lebenssituation. Statt ihre Kraft dafür einzusetzen, ihre eigene Situation zu verbessern, schlagen sie lieber auf Leute ein, denen es noch schlechter geht. Das ist ein Krankheitssymptom.

Für sich selbst die Verantwortung übernehmen, heißt, festgefrorene, einengende Strukturen zu lösen. Doch um auf der einen Seite loslassen zu können, muß Sicherheit auf der anderen Seite aufgebaut werden. Wenn ich nur mit meinen Händen an einem Seil hänge, wäre es Wahnsinn loszulassen. Erst wenn ich unter meinen Füßen festen Boden spüre, brauche ich das Seil nicht mehr.

4

Portrait einer Kindheit

Annäherung auf der bewußten Ebene

Dies ist eine spannende Beschäftigung für einen verregneten oder faulen Sonntag. Nehmen Sie ganz praktisch Kontakt mit dem Kind auf, das Sie einmal waren. Wie vertraut ist Ihnen dieses Kind? Können Sie sich noch erinnern, was Sie am liebsten gegessen haben, was Ihr Lieblingsspielzeug war? Versuchen Sie Ihr Gedächtnis ein wenig aufzufrischen. Bestimmt gibt es noch alte Kinderfotos, Geschichten, die Ihnen erzählt wurden; fragen Sie ihre Eltern nach Kinderzeichnungen, Spielzeug und anderen Kindersachen. Manche Menschen heben alle möglichen Erinnerungsstücke auf. Tragen Sie alles, was Sie finden, zusammen.

Spuren und Zeichen

Lassen Sie sich viel Zeit, um Kontakt mit diesen Spuren aus Ihrer Kindheit aufzunehmen. Manchmal tauchen Erinnerungen auf, die längst verschwunden waren, Gefühle, Geschichten, Kindheitssehnsüchte, eine alte Traurigkeit oder eine tiefe, vergessene Freude. Wann setzen Ihre bewußten Erinnerungen ein (manchmal noch verwoben mit Geschichten, die Ihnen erzählt wurden)? Wie wurden Sie als Kind gerufen? Zu welchen Menschen in Ihrer Umgebung haben Sie sich besonders hingezogen gefühlt, wen konnten Sie nicht leiden, oder vor wem haben Sie sich gefürchtet? Eine so starke Beschäftigung mit der eigenen Kindheit aktiviert meistens auch die nächtlichen Träume. Legen Sie sich ein Stück Papier ans Bett, damit Sie, sobald Sie aus einem Traum erwachen, den Sie sich gerne merken möchten, ein paar Notizen machen. Es genügen einige Traumfetzen, um an dieser Spur entlang wieder in die Atmosphäre des Traums einzutauchen, während ohne diesen Anknüpfungspunkt der ganze Traum verlorengeht.

Wichtig für Ihre Spurensuche sind auch Zeiten, in denen es

Erinnerungslöcher gibt, nachdem die Erinnerung davor schon recht klare Konturen hat. Welche konkreten Informationen haben Sie über diese Zeit? Erinnerungslöcher entstehen meistens dann, wenn es für Sie ein besonders schwieriger, unglücklicher Lebensabschnitt war. Da wurde offensichtlich etwas verdrängt. Stellen Sie sich diese Löcher in der Erinnerung vor, ganz bildhaft! Welche Farbe haben diese Löcher, welche Ausdehnung? Sind sie neblig oder wie eine feste Wand? Schließen Sie die Augen und überlassen Sie sich den Bildern. Vielleicht tauchen Gefühle, Dinge, Situationen oder Menschen aus diesem Loch auf. Gibt es eine Stelle an Ihrem Körper, die diesem dunklen Fleck in Ihrem Leben entspricht, die sich ähnlich anfühlt? Jetzt sind wir aus der bewußten Ebene wieder in die unbewußte, intuitive Ebene übergewechselt. Doch wo es keine wirklichen Erinnerungen gibt, kann man nur dort nach Spuren suchen, wo sie noch vorhanden sind. Und im Unbewußten finden wir diese Spuren tief eingegraben.

Eine Bildergeschichte

Wenn Sie alle erreichbaren Spuren und Zeichen zusammengetragen haben, versuchen Sie daraus eine Bildergeschichte zu machen. Malen Sie ein Bild Ihrer Kinderfamilie. Es muß nicht künstlerisch wertvoll sein. Strichmännchen können auch sehr ausdrucksstark sein. Wo stehen Sie, Ihre Eltern, Ihre Geschwister auf dem Bild? Gibt es noch andere Menschen, die wichtig für Sie waren? Geben Sie ihnen auf dem Bild auch einen Platz. Sehen Sie, wie groß die einzelnen Figuren auf Ihrem Bild sind, in welchem Verhältnis sie zueinander stehen. Machen Sie daraus ein Netz von Linien und Verbindungen. Es gibt positive und negative Verbindungen, manchmal auch zu ein und derselben Person. Wählen Sie dafür unterschiedliche Farben.

Sind Sie zufrieden mit dem Bild oder fehlt noch etwas? Wie empfinden Sie Ihre eigene Situation als Kind auf dem Bild? Haben Sie Lust, darüber eine Geschichte zu schreiben? Machen Sie ein Märchen daraus. Wenn Sie sich für diese Geschichte eine Figur ausdenken – den Prinzen oder das arme kleine Mädchen aus dem Aschekasten – fällt es leichter, einen abstrakteren und fantasievolleren Zugang zu Ihrer eigenen Geschichte zu finden. Sie können auch eine Märchenfigur des anderen Geschlechts annehmen, sollten sich aber bewußt machen, warum das geschieht.

5

Die Reise nach innen

Annäherung auf der halbbewußten oder unbewußten Ebene

Die Fantasiereise ist ein Prozeß, bei dem während des Stadiums wachen Bewußtseins mentale Bilder geweckt werden, mit denen man arbeiten kann. Das Bewußtsein wird durchlässig, so daß un- und halbbewußtes Wissen in Form von Bildern, Worten oder zum Teil sehr intensiven Gefühlen aufsteigen kann. Doch in einer Zeit, in der nur Realismus zählt, in der die Kontrolle über sich selbst, über seine Gefühle in jeder Situation als höchst erstrebenswert gelten, hat das Bewußtsein eine Menge Techniken entwikkelt, um die Hierarchie aufrechtzuerhalten. Das Bewußtsein sitzt obenauf, es ist der Kopf des Ganzen, und alles andere hat sich unterzuordnen. Also brauchen wir ein paar Tricks, um dem Kopf seine Allmachtstellung streitig zu machen.

Die folgenden Anregungen sollen dabei helfen, den Zugang zu tieferen Schichten in uns zu öffnen und Widerstände entweder bewußt zu machen oder sie geschickt zu umgehen.

Vorbereitung auf eine Fantasiereise

Wählen Sie bequeme Kleidung. Nichts sollte Sie einengen. Öffnen Sie Gürtel oder einen zu engen Hosenbund. Sorgen Sie dafür, daß Sie ungestört sind, einen angenehm temperierten Raum haben. Sie können mit leiser, nicht dominanter Musik ohne Gesang, zum Beispiel Meditationsmusik oder auch klassischer Musik, die sich nicht mit Pauken und Trompeten in den Vordergrund spielt, den Einstieg erleichtern. Legen Sie sich mit dem Rücken auf eine Decke oder Matratze. Der Kopf sollte möglichst flach liegen, damit Nacken und Hals nicht abgeknickt sind. Der Hals ist die engste und zugleich wichtigste Stelle des Körpers. Er verbindet den Kopf mit dem Rumpf, durch ihn verläuft das zentrale Nervensystem, die Speiseröhre und die Luftröhre. Und er scheint noch eine andere Funktion zu haben, nämlich Gefühle, die »hochsteigen«, möglichst unten zu halten. Jeder kennt Momente, in denen die Angst die Kehle zuschnürt oder spontane Impulse und Tränen ganz schnell »heruntergeschluckt« werden. Bei manchen Menschen hat man sogar das Gefühl, daß Freude, ein aus dem Bauch aufsteigendes Lachen, im Hals abgewürgt wird. Wozu auch immer dieses »Sicherheitsventil« Hals benutzt wird, es erfüllt zum Teil eine wichtige Aufgabe, denn wer kann es sich schon im alltäglichen Leben leisten, seine Gefühle immer auf der Zunge zu tragen. Doch während der Fantasiereise ist es gut, wenn der Hals so frei wie möglich ist. Wenn Sie während Ihrer Reise bemerken, daß Sie den häufigen Impuls haben zu schlucken, dann schauen sie einfach genau hin, was Sie gerade an Gefühlen herunterschlucken wollen.

Atmen Sie im Liegen tief und gleichmäßig, bis der Körper und die Gedanken zur Ruhe kommen. Wenn Sie sich angespannt und unruhig fühlen, versuchen Sie mit offenem Mund und einem Ton besonders tief auszuatmen, bis die ganze Luft aus Brust und Bauch entwichen ist. Das klingt wie ein Seufzer und hat eine ähnlich wohltuende Wirkung. Folgen Sie mit Ihrer Aufmerksamkeit dem Körper, spüren Sie, wie der Hinterkopf, die Schultern, die Schulterblätter die Matratze berühren, das Gesäß, die Oberschenkel, die Waden und die Fersen. Stellen Sie sich vor, daß mit jedem tiefen Ausatmen der Körper ein wenig tiefer in die weiche Unterlage sinkt. Erst wenn Sie das Gefühl haben, daß es in Ihrem Körper und Kopf weit und leer wird, beginnen Sie mit der Fantasiereise und überlassen Sie sich den ersten aufsteigenden Bildern.

Grau in Grau

Nun kann es zu Anfang vorkommen, daß Sie anstelle einer grünen Wiese im Sonnenschein zum Beispiel nur Grau sehen. Nicht ärgern, wenn die Bilder nicht sofort kommen oder nicht farbig sind. Ich empfehle, daß man sich das Grau ganz genau ansieht, fühlt, welche Konsistenz es hat, ob es fest und undurchdringlich ist oder wie ein Nebelschleier, ob es gleichmäßig getönt ist oder hellere Streifen hat. Sie behandeln also das Grau bereits wie ein Bild. Mit der Zeit tauchen dann von selbst andere Bilder auf.

Falsche Bilder

Die nächste Hürde: Vielleicht finden Sie, daß die Bilder, die Sie vor Ihrem inneren Auge sehen, die falschen Bilder sind. Sie suchen zum Beispiel diese Wiese im Sonnenschein und finden eine schattige, morastige Wiese oder gar ein Geröllfeld. In den Fantasiereisen gibt es keine falschen Bilder, denn alle entstehen in Ihrem Innern, deshalb sind sie für Sie richtig. Während der Arbeit mit Fantasiereisen hört man immer wieder: Eigentlich wollte ich etwas anderes sehen, und es ist mir auch geglückt, aber dieses Bild hat sich immer wieder in den Vordergrund gerückt. Die Vorstellung, wie die Wiese beschaffen sein soll, entsteht im Kopf, doch der hat genügend Gelegenheiten, seine Vorstellungen durchzusetzen. Fantasiereisen sind dazu da, das sprechen zu lassen, was normalerweise vom kopfgesteuerten Ich unterdrückt wird: das innere Kind. Also einfach den Bildern folgen.

Auf dem Boden bleiben

Eine andere Hilfe bei Fantasiereisen ist, immer wieder auf den Boden zurückzukommen. Die Bilder werden lebendiger, vitaler, wenn Sie während der Reise zu spüren versuchen, wie Ihre Füße sich fest beim Gehen oder Stehen in den Boden drücken. Angenommen, Sie gehen durch einen Wald, spüren Sie unter den Füßen weichen Waldboden oder felsigen Untergrund? Schauen Sie, ob Blätter oder Nadeln auf dem Boden liegen, berühren Sie die Bäume, ertasten Sie mit Ihren inneren Sensoren, wie sich das anfühlt. Wenn Sie in der einen Sekunde an einem behäbigen, breiten Fluß stehen, während sich in der nächsten bereits das Rinnsal seiner Quelle vor Ihnen schlängelt, haben Sie offensichtlich etwas »überflogen«, etwas, was Sie vermeiden wollten. Also zurück zum breiten, behäbigen Fluß. Diesmal ist auch fliegen erlaubt, oder Sie marschieren jetzt von der Quelle aus auf beiden Beinen den Fluß entlang, damit Ihnen begegnen kann, was Sie so gerne überfliegen wollten.

Hindernisse

Da Fantasiereisen meistens mit inneren Vorgängen korrespondieren und dazu, wie im Traum, Bilder benutzt werden, entspricht ein Hindernis, das während der Reise auftaucht und Sie am Fortkommen hindert, fast immer einem psychischen Hemmnis. Wenn Sie zum Beispiel während einer Fantasiereise Ihrer Mutter begegnen, es aber unmöglich ist, sie zu sehen, entspricht das dem inneren Unvermögen, die Mutter wirklich so wahrzunehmen, wie sie ist. Da es aber darum geht, solche Hemmnisse zu überwinden, sollten Sie an diesem Punkt nicht einfach aufgeben. Vielleicht ist es möglich, die Mutter aus einem Versteck heraus zu sehen, aus einem verborgenen Blickwinkel. Stellen Sie sich vor, Sie erkennen hinter einem Busch sitzend, daß diese Frau bei weitem nicht so mächtig ist, wie Sie immer dachten, und können sich dann langsam aus dem Gebüsch hervortrauen und ihr offen in die Augen blicken. Möglich auch, daß Sie an ein verschlossenes Tor kommen, das unüberwindlich scheint. Als »Reisebegleiter« mache ich dann Hilfsangebote, ich finde eine Leiter oder einen Schlüssel. Vielleicht ist auch ein schmaler Durchlaß seitlich vom Tor zu finden, der direkte Weg führt ja auch im Leben nicht immer weiter.

Was ich mit den Beispielen zeigen wollte ist, daß Sie sich ganz auf Ihre eigene Fantasie und Ihren Erfindungsreichtum verlassen können. Alles ist erlaubt, um weiterzukommen, um innere Widerstände zu überwinden. Selbst umkehren ist möglich. Es gibt einfach Punkte, an denen man sagt: heute noch nicht, vielleicht beim nächsten Mal.

Sie stehen auf einem schmalen Weg, der durch Wiesen und Felder einen Hügel hinaufführt. Atmen Sie den Duft ein, der von den Feldern und Wiesen ausströmt, fühlen Sie die Sonne, den Wind auf Ihrer Haut, in Ihrem Gesicht. Sie spüren den Weg unter Ihren Füßen, ist er mit Grasbüscheln weich gepolstert, sandig oder lehmig, voller Steine oder asphaltiert? Schauen Sie genau hin. Jetzt folgen Sie dem Weg mit den Augen bis zum Rande eines Waldes. Und in diesem Moment wissen Sie, daß Sie zu diesem Wald gehen müssen, in diesen Wald hinein. Sie folgen dem Weg, Sie lassen die Augen über die Landschaft schweifen, Sie schauen, was Sie am Wegrand sehen, Sie versuchen zu erkennen, wie der Wald ist, der sich vor Ihnen auftut. Langsam betreten Sie den Wald. Schauen Sie sich um. Wie sieht es um Sie herum aus, spüren Sie Ihre Füße auf dem Waldboden? Gibt es Geräusche im Wald, Tierstimmen, Vogelgezwitscher?

Dies ist Ihr ganz persönlicher Wald, und Ihr Weg wird Sie durch diesen Wald zu einer Lichtung führen. Ich weiß nicht, ob Ihr Wald lichtdurchflutet oder dunkel und eng ist. Ob Sie beschwingt diesen Wald durchwandern oder sich weglos zwischen viel zu eng stehenden Bäumen durchkämpfen müssen. Vielleicht begegnen Ihnen unterwegs Menschen oder auch Tiere. Möglicherweise führt der Weg gerade und überschaubar genau zur Lichtung; es kann aber auch sein, daß Sie sich verirren und erst durch die Hilfe eines anderen Lebewesens zur Lichtung kommen. Fest steht nur, daß Sie einen Weg zu der Lichtung finden werden, die mitten im Wald auf Sie wartet.

Sie betreten die Lichtung, die rundum von Wald und Sträuchern umgeben ist. Weiche Moose wachsen am Rand der Lichtung, in der Mitte breitet sich eine Wiese aus. Auf der Lichtung ist eine Erhöhung, von weitem sieht es aus wie der wuchtige Sockel eines Denkmals.

Auf dem »Denkmalsockel« erkennen Sie eine Gestalt. Ihre Haltung kommt Ihnen bekannt, seltsam vertraut vor. Ohne genau zu erkennen, wer die Gestalt dort ist, fühlen Sie alte Erinnerungen und Gefühle wie Schatten aus lang zurückliegender Zeit in sich aufsteigen. Und plötzlich wissen Sie, daß diese Gestalt auf dem Sockel Ihre Mutter ist. Langsam nähern Sie sich und jetzt können Sie noch mehr Einzelheiten erkennen.

Schauen Sie, was die Haltung Ihrer Mutter ausdrückt, was Sie dabei empfinden. Wie alt ist Ihre Mutter in diesem Moment, und wie alt fühlen Sie sich selber? Was geschieht zwischen Ihnen beiden? Ist es möglich, Ihrer Mutter in die Augen zu sehen, zu erkennen, was in ihr vorgeht? Fühlt Sie sich dort oben auf dem »Denkmalsockel« wohl? War sie es, die sich dort hinaufgestellt hat? Warum hat sie das getan? Oder haben Sie selbst Ihre Mutter dort auf den Sockel gehoben? Wenn ja, warum?

Sie sehen ihr in die Augen und spüren, daß etwas nicht mehr stimmt. Etwas hat sich verändert. Es tut weder Ihrer Mutter noch Ihnen gut, wenn Sie so zu ihr hochsehen müssen. Sie müssen den Hals in den Nacken legen und fühlen sich klein und unterlegen wie ein Kind. Aber Sie sind ein erwachsener Mensch, und Ihre Mutter ist eine ganz normale Frau. Sie treten an den Sockel und bieten Ihrer Mutter an, ihr von dort oben herunterzuhelfen. Es kommt Ihnen vor wie ein Abschied und ein Anfang zugleich. Sie spüren, daß es noch etwas zu tun, etwas zu sagen gibt, zwischen Ihrer Mutter und Ihnen. Sie helfen Ihrer Mutter vom Sockel herunter. Sprechen Sie mit ihr, schauen Sie, wie es ist, ihr in die Augen zu sehen, wenn Sie auf gleicher Höhe stehen. Lassen Sie sich so viel Zeit, wie Sie brauchen.

Wenn Sie das Gefühl haben, daß jetzt alles zwischen Ihnen gesagt und getan ist, was im Moment möglich ist, verabschieden Sie sich von Ihrer Mutter und versprechen, daß sie nie mehr auf diesen unbequemen, einsamen Sockel hinauf muß. Dann überqueren Sie die Lichtung, durchschreiten den Wald und treten auf der anderen Seite aus dem Wald heraus. Sie spüren, daß sich etwas verändert hat. Sie atmen tief die Luft ein und schauen auf das, was sich vor Ihren Augen ausbreitet.

Und hier noch einmal in wenigen Sätzen den Gang der Fantasiereise, damit Sie sich das Wichtigste einprägen und ohne Unterbrechung den inneren Bildern folgen können: Der Weg führt durch Wiesen und Felder, in einen Wald bis zu einer Lichtung. Dort steht auf einem Denkmalsockel Ihre Mutter. Sie nähern sich ihr, helfen ihr vom Sockel und nach einer Weile verabschieden Sie sich. Ihr Weg führt Sie wieder durch den Wald, bis Sie auf der anderen Seite aus dem Wald heraustreten.

Ist es Ihnen gelungen, Ihre Mutter aus ihrer Rolle zu entlassen? Vielleicht haben Sie sie ganz und gar nicht mächtig erlebt, sondern hilflos und ohnmächtig. Möglich, daß es für Sie selbstverständlich war, ihr mal wieder aus einer prekären Situation zu helfen, weil Sie sich schon immer verantwortlich gefühlt haben. Aber auch das sind alte Muster, die es gilt, hinter sich zu lassen. Das bedeutet nicht, daß Sie in Zukunft liebloser mit Ihrer Mutter umgehen werden. Es bedeutet nur, daß Sie aus einem alten Beziehungsmuster ausbrechen und Nähe und Distanz freier leben können. Sie selbst bestimmen aus Ihrer heutigen Situation, wie Sie das Verhältnis gestalten. Verantwortung übernehmen Sie nur für sich selbst, Sie können nicht für Ihre Mutter Verantwortung übernehmen. Und Ihre Mutter ist heute nicht mehr für Sie verantwortlich.

6

Das Kind, das ich einmal war, lebt in meinem Körper

Annäherung auf der körperlichen Ebene

Es geht um das Korsett, das uns einengt, an einer Stelle drückt und an der anderen Stelle zerrt, das wir jetzt aufspüren wollen.

Nehmen Sie die Haltung ein, die Ihnen bequem vorkommt, die Sie einnehmen, wenn Sie sich im Stehen so entspannt wie möglich fühlen. Schließen Sie die Augen und nehmen Sie bewußt den Körper wahr.

Wo fühlen Sie sich stark und sicher, wo weich und verletzlich?

Welchen Teil Ihres Körpers empfinden Sie als stützend und tragend? An welchen Körperteilen empfinden Sie Spannungen oder Schmerzen?

Welchen Teil Ihres Körpers haben Sie bis jetzt, seit Sie in dieser Haltung verharren, noch nicht wahrgenommen? Welchem Teil Ihres Körpers gilt die meiste Aufmerksamkeit?

Haben Sie das Gefühl, daß die Füße parallel stehen – sind die Knie bei beiden Beinen gleich locker oder durchgedrückt –, wenn Sie eine Linie zwischen den beiden Beckenknochen ziehen, meinen Sie, daß sie waagerecht ist?

Wie fühlen sich Bauch, Taille und Zwerchfell an, bewegen sie sich harmonisch mit dem Atem?

Gibt es einen Bereich, in dem Sie eine relative Starre empfinden – gibt es einen sehr lebendigen vibrierenden Bereich?

Wie fühlt sich der untere Rücken an? Haben Sie Schmerzen in diesem Bereich?

Haben Sie das Gefühl, daß die Schulterblätter auf gleicher Höhe sind?

Gibt es eine Spannung in den Schultergelenken, sind die Schultern hochgezogen oder zusammengezogen? Sind beide Schultern gleich? Wie fühlt sich der Nacken an? Ist der Kopf gebeugt oder vorgeschoben?

Das sind eine Menge Fragen, die ich hier aufgeführt habe. Und daraus ergibt sich eine Schwierigkeit. Während Sie die Aufmerksamkeit ganz Ihrem Körper zuwenden, können Sie nicht die Fragen lesen, und merken können Sie sich alle diese Fragen auch nicht. Aber das tut nichts zur Sache. Ich habe alle diese Fragen aufgeführt, um es Ihnen ein wenig leichter zu machen, wirklich intensiv den »Spuren« in Ihrem Körper nachzuforschen. Doch wie Sie das dann für sich machen, bleibt ganz Ihnen überlassen. Also: Augen zu und sich ganz dem eigenen Körpergefühl überlassen. Prägen Sie sich das innere »Bild« Ihres Körpers gut ein, seine Haltung, Spannungen, Schmerzen und warmen Gefühle.

Malen Sie ein Bild Ihres mit dem inneren Auge wahrgenommenen Körpers. Versuchen Sie mit den einfachsten Mitteln, die wahrgenommene Haltung so deutlich wie möglich darzustellen. Wenn Sie mit diesem »Kunstwerk« zufrieden sind, dann zeichnen Sie mit Farben Ihrer Wahl die Stellen, die Ihnen Sicherheit und Vertrauen geben, die Stellen, die Ihnen schwach erscheinen, Stellen mit Spannungen oder Schmerzen und warme, lebendige Stellen. Auch hier nehmen Sie sich jede zeichnerische Freiheit. Sie können flächig arbeiten oder einfach die Konturen mit den jeweiligen Farben nachziehen.

Jetzt schauen Sie sich Ihr Bild genau an. Was drückt die Figur aus? Ist es Kraft oder Schwäche, Selbstvertrauen oder Zweifel, Zuversicht oder Ängstlichkeit? Finden Sie eine Aussage, einen Satz, der zu dieser Figur paßt. Zum Beispiel: „Ich bin der Größte!“ oder „Am liebsten würde ich mich in mir selbst verkriechen!“ Es sollte ein ganz persönlicher Satz sein. Schreiben Sie die Aussage unter das Bild.

Vor dem Spiegel

Jetzt stellen Sie sich wieder mit geschlossenen Augen vor oder seitlich zu einem großen Spiegel (je nachdem, ob Sie das Bild von vorne oder von der Seite gemalt haben). Nehmen Sie die gleiche Haltung ein, die Sie vorher eingenommen haben und die Ihr Bild zeigt. Ist das Gefühl wieder genauso, wie beim ersten Versuch? Jetzt öffnen Sie die Augen und sehen Sie sich im Spiegel an, ohne die Haltung zu verändern. Entspricht das Spiegelbild Ihrer Vorstellung? Was ist anders? Was ist mit dem persönlichen Satz, der unter Ihrem Bild steht? Paßt dieser Satz auch zu Ihrem Spiegelbild, oder möchten Sie ihn jetzt verändern oder ergänzen?

Jetzt beginnen Sie behutsam die Haltung zu ändern. Ziel dieser Übung ist es, Ihnen mehr Sicherheit, mehr Vertrauen in den eigenen Körper zu geben. Es gibt diesen Begriff »in sich ruhen«. Wer gelernt hat, in sich zu ruhen, hat eine neue Möglichkeit entdeckt, sich zu entspannen, neue Kraft zu schöpfen, um sich dem Leben hinzugeben. Dieses »sich Hingeben« verliert das Bedrohliche. Es besteht keine Gefahr, daß man verschlungen wird, den Boden unter den Füßen verliert, wenn man in sich ruht. Selbstverständlich wird man dadurch nicht unangreifbar oder unverletzbar. Man spürt die Verletzung, aber es wird keine existenzbedrohende Situation daraus.

Lassen Sie mich das an einem Beispiel erklären. Es ist immer schmerzlich, wenn man liebt und die Liebe vom Partner nicht mehr erwidert wird. Das tut weh, das macht traurig, Träume und Wünsche, die sich auf eine gemeinsame Zukunft richteten, werden zerstört. Aber irgendwann, wenn die Zeit der Trauer vorbei ist, geht das Leben weiter. Anders ist es, wenn aus der Tatsache, daß mein Partner mich nicht mehr liebt, eine für mich zerstörerische Situation entsteht. Wenn mein Partner mich nicht mehr liebt, bedeutet das, daß ich nichts Liebenswertes habe, daß ich keine sexuelle Anziehung besitze, daß ich zu dick, zu alt, zu dumm, zu langweilig bin, um die Liebe einer Frau/eines Mannes zu verdienen. Aus einer so zerstörerischen Situation heraus kann dann der Wunsch entstehen, diesen treulosen Partner, der mich in so tiefe Gefühle von Minderwertigkeit gestürzt hat, der mir mein Selbstbewußtsein, meine Sicherheit genommen hat, möglichst genauso zu verletzen und zu zerstören.

Je besser ein Mensch in sich ruhen kann, um so weniger muß er sich auf andere Menschen stützen, um so unabhängiger wird er. Das heißt, um so leichter kann er sich auch auf Nähe einlassen, da nichts ihm so leicht den Boden unter den Füßen wegzieht. Natürlich ist dieses In-sich-Ruhen ein Zeichen für eine ausgeglichene, harmonische Psyche, doch wie schon andere Beispiele in diesem Buch zeigen, ist eine solche Harmonisierung auch von der körperlichen Seite her zu erreichen.

Grounding-Übung

»Grounding« heißt soviel wie »erden«. Eine elektrische Leitung, ein Blitzableiter wird geerdet, damit ein Zuviel an Energie keine Zerstörung hervorruft. Bei dem Zuwachs an Energie, den diese Übung bewirkt, ist es wichtig, uns gut zu erden. Die Energie darf nicht wie eine explosive Ladung im Kopf und in den Schultern steckenbleiben, sondern sollte bis in die Füße fließen und uns dadurch tief mit der Erde verwurzeln. Die Energie kann dann wie ein lebendiger Strom durch den ganzen Körper gehen.

Schließen Sie die Augen im Stehen. Beugen Sie die Knie ganz leicht und versuchen Sie, das gesamte Körpergewicht auf den Ballen des vorderen Fußes zu legen, ohne die Fersen anzuheben. Der Fuß bleibt ganz auf dem Boden, aber das Gewicht liegt im vorderen Teil des Fußes. Vielleicht ist diese Haltung etwas ungewohnt, vor allem, wenn Sie üblicherweise mit durchgedrückten Knien stehen, aber sie gibt viel mehr Sicherheit als eine starre Haltung. Jeder Skiläufer weiß, wie gefährlich es ist, die Knie durchzudrükken. Die Beine können nicht mehr elastisch federn, man hat kein Standvermögen und verliert leicht das Gleichgewicht.

Atmen Sie ruhig und gleichmäßig. Versuchen Sie sich vorzustellen, daß Sie mit jedem Atemzug tiefer in den Bauchbereich gehen. Stellen Sie sich vor, daß Ihr Atem mit jedem Ein- und Ausatmen tiefer in Ihren Körper sinkt. Der Atem sinkt bis ins Becken, Sie atmen mit dem Becken. Es ist, als ob Ihr innerer Mittelpunkt immer tiefer sinkt, in die Oberschenkel, in die Knie, in die Füße. Es fühlt sich so an, als wären die Füße mit dem Boden verwachsen, als würden von den Füßen aus Wurzeln in den Boden eindringen und Ihnen Sicherheit, Geborgenheit und eine tiefe Ruhe geben.

Wenn durch die ungewohnte Haltung irgendwo Muskelschmerzen auftauchen oder die Füße weh tun, nehmen Sie den Schmerz wahr und lassen Sie den Schmerz mit dem Atem gehen. Bleiben Sie einen Moment in dieser tiefen, meditativen Haltung. Lassen Sie die Energie dann langsam wieder nach oben, zum Herzen, zu den Schultern, in die Arme gehen. Schütteln Sie kräftig Arme und Beine aus. Sie werden schon beim ersten Mal spüren, daß Sie sich sehr wach, lebendig und ausgeruht fühlen.

Diese Übung, täglich wiederholt, ist ein seelischer und körperlicher »Fitmacher« für den Tag. Diese Augenblicke des in sich Ruhens geben sehr viel Energie und eine tiefe Sicherheit. Sie können die Übung fast überall machen, selbst in einem ruhigen Raum im Betrieb. In Ländern mit buddhistischer oder hinduistischer Kultur ist es durchaus üblich, daß der Minister sich zwischen zwei Konferenzen in sein Büro zur meditativen Körperübung zurückzieht. In Japan kann man die gesamte Belegschaft eines Betriebes in der Mittagspause bei Yoga-Übungen und Tai-Chi beobachten. Bis wir hier so weit sind, dauert es wohl noch etwas. Doch es gibt Großbetriebe und Banken, die ihr Topmanagement auf Seminare schicken, um die inneren Kräfte zu mobilisieren.

Wenn Sie die Übung einige Tage gemacht und sich tief im Boden und in sich selbst verankert haben, empfehle ich eine Erweiterung der Übung:

Der Körper als Brücke zwischen Himmel und Erde

Augen wieder schließen, die Knie lockern. Stellen Sie sich vor, daß sich Ihr innerer Schwerpunkt immer tiefer in die Beine, in die Füße, in den Boden senkt. Bleiben Sie mit dem Boden »verwurzelt«, während Sie sich vorstellen, daß ein unsichtbares, festes Band aus Energie am hinteren Teil des Scheitels den Kopf in die Höhe zieht. Nacken und Schultern werden entlastet, die Atmung vertieft sich. Der untere Rücken wird gestreckt, während das Band aus Energie Sie mit einer sanften, beständigen Kraft nach oben zieht. Die Füße bleiben fest im Boden verwurzelt, während der

Kopf nach oben gezogen wird. Der Körper als Brücke zwischen Himmel und Erde. Lassen Sie sich in dieses Gefühl fallen, genießen Sie die fest verankerte Leichtigkeit dieses Zustandes.

Lösen Sie sich langsam aus der meditativen Situation, öffnen Sie die Augen erst nach einer Weile und schauen Sie sich, ohne die Haltung zu korrigieren, im Spiegel an. Was hat sich verändert? Wie fühlen Sie sich jetzt? Wie ist der Ausdruck Ihrer Augen?

Ein Tip:

Probieren Sie die Vorstellung, daß Ihr Kopf durch ein Energieband nach oben gezogen wird, auch beim Laufen. Besonders, wenn Sie müde und angespannt sind, der Rücken weh tut. Ihr Gang wird augenblicklich leicht und elastisch, die Müdigkeit schwindet und Sie spüren, wie Sie wieder Schwung bekommen. Diese unkomplizierte Übung kann man ohne besondere Konzentration und Vorbereitung auf dem Weg zum Auto, auf dem Flur einer Büroetage oder bei einem Spaziergang ausprobieren. Sie zeigt besonders deutlich, wie stark körperliche Reaktionen von der inneren Vorstellung abhängen. Und es ist zum Beispiel auch eine innere Vorstellung, wenn man glaubt, die Last der ganzen Welt auf den Schultern zu tragen. Unter dieser immensen Last beugt sich der Körper und reagiert mit Schmerzen, mit ganz konkreten Abnutzungserscheinungen am Knochengerüst und mit Krankheit. Machen Sie es Ihrem Körper einfach ein wenig leichter. Sie wissen jetzt, daß es funktioniert.

7

Charakterstrukturen und ihre Kindheitsgeschichte

Jeder Mensch ist unverwechselbar und einmalig. Wenn ich hier den Versuch mache, Strukturen aufzuzeigen, dann nur, um sie als Hilfskonstruktion anzubieten. Denn um für sich selbst einen Weg aus verfestigten Formen zu finden, braucht man einen Richtungsweiser. In den hier vorgestellten Charakterstrukturen (frei nach Wilhelm Reich und Alexander Lowen) werden Sie Teilen begegnen, in denen Sie sich selbst wiedererkennen. Es ist kaum anzunehmen, daß eine Struktur wie ein Maßanzug paßt. Mal ist es etwas, was mich bei der Beschreibung des »einsamen Kindes« tief berührt, und dann finde ich Teile von mir beim »unterdrückten Kind«. In diesem Fall kann eine Mischung der vorgeschlagenen Übungen und unterstützenden Maßnahmen ein hilfreicher Weg sein. Außerdem ist es einer der ersten und wichtigsten Schritte, um einen heilenden Prozeß in Gang zu setzen, wenn ich erkenne, was mich geprägt hat.

Jede Charakterstruktur hat eine Geschichte, die auch zeitlich einzuordnen ist. Ich habe die Anordnung so vorgenommen, daß ihre zeitliche Entstehungsgeschichte die Abfolge bestimmt. Die Zeit der Entstehung einer Störung entscheidet oft auch über das Maß der Verletzung im Selbstbild, in der Selbsteinschätzung. Die Geburt ist dabei zwar in unserer Betrachtung ein angenommener Fixpunkt, doch beginnt die Prägung bereits mit der Zeugung. Ein Kind, das in einer liebevoll-zufriedenen Situation empfangen wird, sich entwickeln kann und als Wunschkind zur Welt kommt, hat bereits bei der Geburt ein stabileres Urvertrauen als ein Kind, das unter extrem anderen Bedingungen empfangen und ausgetragen wurde.

Gegen negative Einflüsse entwickelt bereits der ganz kleine Mensch Abwehrhaltungen, um sich zu schützen, um seine Individualität »trotzdem« entwickeln zu können. Diese Abwehrmechanismen und die positiven Prägungen sind eigentlich das, was die

Ursubstanz des Menschen erst formen, das spätere Leben bestimmen wird. Die Frage, ob ich Nähe genießen kann oder als Bedrohung empfinde, kann ich mit aller zur Verfügung stehenden Logik aus der Situation des Erwachsenen nicht erklären, sondern aus der »Logik«, die sich aus der frühkindlichen Entwicklungsgeschichte ergibt.

Da die so entstandenen Charakterstrukturen ungeheuer vielschichtig sind, muß ich mich auf allgemeine Aspekte beschränken.

Das ungeliebte oder ungewollte Kind

Ein Bäumchen, das an einer Stelle Wurzeln geschlagen hat, die fast keine Überlebenschancen bietet, sucht trotzdem nach einem Weg, zu einem großen Baum zu werden.

Dieses Kind kam in eine Welt, die es nicht mit offenen Armen empfangen hat. Es wurde zurückgewiesen und konnte seine Existenz nie als etwas Selbstverständliches, etwas Schönes empfinden. Dies ruft ein Bewußtsein hervor, daß man sich an bestimmte Regeln halten muß, um nicht ganz die Existenzberechtigung zu verlieren. So etwas wie ein Urvertrauen kann unter diesen Bedingungen kaum entwickelt werden.

Lebensstrategie

Ein Kind, dessen nächste Bezugsperson zurückweisend, ja in manchen Fällen sogar feindlich reagiert, wird eine gebrechliche oder gebrochene Einstellung zu sich selbst entwickeln. Denn es braucht die Zuwendung, die Liebe, die Sicherheit, damit sein Selbst wachsen kann. Bei einer Bezugsperson, die sich dem Kind gegenüber abweisend verhält, die keine Geborgenheit vermittelt, entsteht für das Kind ein Mangel an positiven Gefühlen. Es muß vorsichtig sein, die dünne Verbindung zu dem Du und damit zum Leben, zur eigenen Existenz nicht zu gefährden. Das heranwachsende Kind hat Angst, daß jede Selbstbehauptung oder Selbstbestimmung zur Vernichtung führt. („Wenn Du frech wirst, schicke ich Dich in ein Heim.") Häufige Alpträume und Panikreaktionen sind die Folge. Die Wünsche werden in die Fantasie verlagert. Hier im Fantasiebereich kann man erleben, wie man geliebt und bewundert wird. Wobei die Leistungen grandios sein müssen, da die Erfahrung gemacht wurde, daß normales Bemühen und kindgerechte Leistung nicht honoriert werden. Da möchte man schon Supermann sein, wirklich große Taten begehen, vielleicht die Mutter sogar aus Lebensgefahr retten, ihr einen funkelnden Schatz zu Füßen legen, damit sie endlich erkennt, daß es doch einen Grund gibt, ihr kleines Mädchen, ihren kleinen Jungen lieb zu haben.

Aus Grandiositätsträumen einerseits und dem Zusammenbruch des Selbstwertes auf der anderen Seite kann nur ein gebrochenes Selbstbild entstehen. Das zeigt sich häufig in einem grundsätzlichen Bruch in der Persönlichkeit: Jungfrau und Hure, Biedermann und Brandstifter, Überheblichkeit und Minderwertigkeitsgefühle. Ein einheitliches Selbstgespür für die eigenen Möglichkeiten und die eigenen Grenzen ist nicht vorhanden. Man verläßt sich auf den Intellekt, und die Gefühle führt man möglichst nur in den Träumen spazieren. Gefühle leben wird als sehr gefährlich empfunden. Jede nahe Beziehung wird als Bedrohung erfahren, jeder Wunsch, jede Forderung ans Leben wird unterdrückt.

Körper

Auch der Körper eines Menschen mit so bedrohlicher Kindheit zeigt etwas von diesem gebrochenen Selbstgefühl. Oft gibt es einen Knick zwischen Kopf und Rumpf oder auch eine deutlich sichtbare Spannung in der Taillengegend, als könnte der Körper in zwei Hälften zerbrechen. Meistens ist der Körper schmal und zusammengezogen. Spannungen gibt es vor allem in den kleinen Muskeln rund um den Mund (da Wünsche, Gefühle, Selbstäußerungen und Forderungen zurückgehalten werden, niemals in Worte gefaßt werden dürfen) und an der Schädelbasis, da der Körper nicht in Harmonie mit dem Kopf ist. Die stärkste Spannung ist in der feinen Muskulatur rund um die Gelenke (oft auch starke Schmerzen). Die Gelenke sind entweder überflexibel oder inflexibel (sehr biegsam, leicht zu überdehnen oder extrem steif). Die Energie hat sich ganz zusammengezogen und ist hier eine hochexplosive, mörderische Ladung, wenn sie wirklich einmal die engen Mauern durchbricht. Dagegen ist alles, was in Kontakt mit dem anderen, mit dem Außen kommt, ganz schwach geladen. Die Haut ist schlecht durchblutet, die Augen, Hände und Füße haben im allgemeinen wenig Energie.

Stärken, was schwach ist

Das Auffälligste bei dieser Abwehrstruktur ist die Mißachtung des Körpers und die Vermeidung von Kontakt. Deshalb ist eine vorsichtige Stärkung des Körpergefühls durch bewußtes Atmen, durch Yogaübungen hilfreich. Wichtig ist auch, das Gefühl zu stärken, daß man sich auf seinen Körper verlassen kann, daß die Beine einen lebendigen Kontakt zum Boden bekommen. Eine tägliche Übung – da sie höchstens fünf Minuten beansprucht, kann man sie auch morgens und abends machen – ist die Grounding-Übung auf Seite 46. Bei einer starken Ausprägung dieser Charakterstruktur ist die Hilfe eines Therapeuten unumgänglich, um in Kontakt mit der untergründigen Panik zu kommen, die die Persönlichkeit eingefroren hat. Außerdem kann ein Körpertherapeut mit der tiefsitzenden mörderischen Wut arbeiten, um die Energie aus dem »Ballungszentrum« zu befreien, und eine vorsichtige Kontaktaufnahme zu anderen Menschen unterstützen.

Das einsame Kind

Ein Bäumchen, das außerhalb schützender Gemeinschaft aufwächst, muß starke Wurzeln entwickeln, damit es Wind, Kälte und Trockenheit standhält.

Dieses Kind hat viel Einsamkeit durchlitten. Wenn es die Arme ausstreckte, war da niemand oder nur jemand, der selbst zu schwach oder zu krank war, um Wärme, Liebe und Schutz zu geben. Dies löst oft eine lebenslange Suche nach dem anderen aus, der für das einsame Kind da sein soll, immer da sein soll. Dieser andere wird im Partner gesucht, im Vorgesetzten, im Therapeuten, im Lehrer, manchmal sogar in den eigenen Kindern. Aber wo ist wirklich die Sicherheit zu finden, nach der so sehr gesucht wird? Es ist für den, der auf dieser Suche ist, eine traurige Wahrheit, daß diese Sicherheit niemals beim anderen zu finden ist, nur in sich selbst. Aber es ist auch der einzige Weg, um frei zu werden, um wirklich Liebe und Partnerschaft zu finden.

Lebensstrategie

Dieses Kind wurde zwar nicht zurückgewiesen, wie bei der vorigen Charakterstruktur, es leidet unter Entzug, weil es noch zu klein war, um so viel Einsamkeit ausfüllen zu können. Es verharrt wie in einem Wartezustand, daß endlich jemand kommt, es in den Arm nimmt und die ganze Einsamkeit zu Ende ist. Durch dieses Verharren kann wenig Selbständigkeit erwachsen. Erst aus der Sicherheit, der Geborgenheit heraus, kann ein Kind beginnen, Neues zu entdecken, Eigenständigkeit zu entwickeln. Ein Mensch mit dieser Lebensstrategie hat die Neigung, sich an andere zu klammern. Er lebt in der Vorstellung, man müsse behütet und geschützt werden, weil man alleine zu schwach ist.

Und diese Menschen sind wirklich schwach, sie verfügen über relativ wenig Energie, über verminderte Agressivität. Was bleibt, ist ein Gefühl der inneren Leere, der depressiven Stimmung mit zeitweisem Umschwung zu Hochstimmung. Es fällt ihnen schwer, ein Interesse aufrechtzuerhalten. Dieses Lebensmuster ist wie ein langes, unendlich langes Warten. Man hat das Gefühl, daß Menschen mit dieser Lebensstrategie als Kinder den trotzigen Entschluß gefaßt haben: „Ich werde einfach nicht erwachsen, solange ich nicht bekommen habe, was ein Kind so dringend braucht."

Menschen dieser Struktur sagen »Nein« zum Leben und erwarten Veränderungen, Impulse oder Lösungen von anderen. Aber wo liegt die Abwehrhaltung? Machen sie es sich einfach zu bequem? Was suchen sie mit aller Macht und unter Verzicht auf ein erfülltes Leben zu vermeiden?

Das ist vielleicht am ergreifendsten in Becketts »Warten auf Godot« beschrieben. Das Erkennen und Zugeben, daß das Erwartete und Erhoffte nicht kommt, niemals kommen wird, ist ein so unfaßbarer Schmerz, daß davor die Augen verschlossen bleiben. Für den Erwachsenen, der das einsame Kind in sich trägt, heißt das, die Tatsache zu akzeptieren, daß niemand für ihn da war und daß niemand jemals so für ihn da sein wird, wie er es sich wünscht. Erst das Erkennen, daß nur mit der Fähigkeit zum Alleinsein eine reife Beziehung möglich wird, die befriedigend und dauerhaft ist, führt zur Veränderung.

Körper

Auch hier sagt der Körper genau das, was die innere Haltung des einsamen Kindes ist. Der Erwachsene ist ein großes Kind geblieben. Ein kindlicher, nicht sehr entwickelter Körper mit schwachen Muskeln, schmalen kindlichen Händen und Füßen und einem zarten Becken. Ein besonderes Phänomen, wenn diese Struktur dominiert, ist ein verstärktes Längenwachstum. Woher das kommt, konnte bisher nicht geklärt werden. Möglicherweise konnten die Knochen wegen der verzögerten Reife länger wachsen. Oder die mangelhafte Bildung der Muskulatur konnte das Knochenwachstum nicht unter Kontrolle halten. Alle »Berührungspunkte« mit der Umwelt wirken kraftlos, ohne Energie, haben keine Spannung – die Augen, Hände, Füße und Genitalien. Aber es gibt auch im Innern wenig energetische Ladung. Die Energie wird nicht zurückgehalten, sie konnte sich einfach nicht entwickeln.

Stärken, was schwach ist

Menschen, die das einsame Kind in sich tragen, suchen jemanden, der für sie da ist. Sie müssen lernen, daß der Boden für sie da ist, darauf zu stehen, die Luft da ist für ihren Atem, ein Freund da ist zu antworten, wenn sie bereit sind, die Hand auszustrecken. Das tiefe, alles überschattende Verlustgefühl kann nur dann abgeschwächt werden, wenn man sich bewußt macht, daß es eine vergangene Erfahrung ist. Man muß sich verabschieden von diesem Wartezustand. Man muß sich klar machen, daß das, worauf man wartet, in dieser Form niemals mehr kommen wird. Das tut weh! Doch erst danach kann man beginnen, die Beine unter sich zu fühlen, zu merken, daß sie in der Lage sind, zu tragen und zu stützen. Erst dann kann man beginnen, die Arme auszustrecken nach dem Leben, die Augen zu öffnen für die Welt (Übungen für Arme, Beine, Lippen. Seite 107/8).

Aggression, die nicht vorhanden ist, kann man natürlich nicht forcieren, aber man kann ihre Ansätze unterstützen. Der kindlichen Prägung dieser Charakterstruktur kommen Spiele entgegen. Aggressive Tendenzen kann man durch kämpferische Ballspiele in der Gruppe unterstützen und lustvoll entwickeln. Aber auch Kampf- und Verteidigungssportarten, Fitness- und Ausdauertraining gleichen nicht nur den Mangel an Sicherheit aus, sie unterstützen auch die Kräftigung der Muskeln, fördern das Selbstvertrauen und stärken die energetische Ladung. Vielleicht hilft dies alles, um den frühen Mangel bei der Suche nach dem Du zu entkräften und sich für das Leben und die Liebe eines Erwachsenen zu öffnen.

Das verführte Kind

Ein Bäumchen, das sich fürchtet, überflutet zu werden, muß stark und mächtig heranwachsen, um der Strömung widerstehen zu können.

Um keine Mißverständnisse aufkommen zu lassen, ist es wichtig klarzustellen, daß diese Abwehrstruktur nichts mit der Struktur von mißbrauchten Kindern zu tun hat. (Ein solches Trauma sollte unbedingt mit therapeutischer Hilfe aufgearbeitet werden.) Es geht eher um eine mehr unterschwellig sexuell gefärbte, verführerische Haltung eines Elternteils, wobei die kindlichen lustvollen oder auch sexuellen Reaktionen zurückgewiesen werden. Das Spiel bleibt auf der verführerischen Ebene. Oft wird das Kind als Spielball in einem Machtspiel zwischen Ehepartnern benutzt. In einer solchen Situation hilflos zu sein, wirkt ungeheuer bedrohlich. Man könnte von dem verführenden Elternteil vereinnahmt, zu seinem Schatten werden und das Gefühl von Selbstsein und Individualität verlieren. Um dieser Bedrohung entgegenzuwirken, versucht das Kind im Rollenkonflikt, Macht zu gewinnen, so daß es die Rollen umtauschen kann und andere in die hilflose, die untergeordnete Position stellt. Es manipuliert andere, um nicht selbst manipuliert zu werden.

Lebensstrategie

Die Verführungsbeziehung läßt eine Situation entstehen, in der das Kind Teil einer Dreiecksgeschichte wird, es steht zwischen Mutter und Vater, durch Verführung so manipuliert, daß es die Position des gegengeschlechtlichen Partners übernimmt. Das bedeutet, daß es auf den gleichgeschlechtlichen Elternteil herausfordernd oder abweisend reagiert. Die Lebensstrategie eines

Kindes im Rollenkonflikt ist ebenso kompliziert, verwinkelt und unüberschaubar wie seine verwirrende Lebenssituation. Es bekommt Zuwendung, aber in einer Art, die die Zurückweisung mit einschließt, also kann auch das Gefühl von Sicherheit und Geborgenheit nicht auftreten. Es muß sich schützen! Schützen gegen Gefühle, schützen gegen Wünsche nach Nähe und Zärtlichkeit. Und es versucht, den verführenden Elternteil berechenbar, manipulierbar zu machen. Nur so ist ein wenig Sicherheit zu erreichen.

Der gleichgeschlechtliche Elternteil wird eher als Gegner oder als störender Eindringling empfunden. Dieses Gefühl wird innerhalb des Machtspiels vom verführenden Elternteil unterstützt. Die Folge ist, daß dieses Kind seinem eigenen Geschlecht verächtlich gegenübersteht, was zu einem Konflikt mit der eigenen Geschlechterrolle als Frau oder als Mann führen kann.

Was tun, um dieser hilflosen Spielballposition zu entkommen? Das Kind im Rollenkonflikt – ist es nun Kind oder Partner, Gegner oder Familienmittelpunkt – entwickelt im allgemeinen folgende Lebensstrategie: Nur die Macht, nur Manipulation und Kontrolle befreien von der Angst, den Boden unter den Füßen zu verlieren, verschluckt zu werden. Das Kind versucht die Macht zu übernehmen. Sein ganzes Streben ist nicht auf Freude und Lustgewinn, sondern auf Macht gerichtet. Die Gefühle werden so lange unterdrückt, bis sie kaum mehr wahrnehmbar sind. Das Machtmittel ist der Kopf, Kontrolle und Dominanz. Es sei denn, es hat sich selbst für das Mittel der Verführung entschieden, um dem unberechenbaren Zustand zu entkommen. Diese komplizierte Lebensstrategie, geboren aus einer völlig unüberschaubaren Situation, läßt wenig Raum für Freude und kindliche Unbekümmertheit. Die Fähigkeit, Glück zu empfinden, die Hingabe an eine Sache oder an eine Person sind schwach entwickelt. Letztlich hat ein Mensch dieser Struktur aus sich heraus auch keine Sicherheit, keine wirkliche Selbständigkeit, obwohl er so ungeheuer sicher wirkt. Die ganze Power, die Menschen mit dieser Kindheitsgeschichte entwickeln, steht auf sehr schwankendem Untergrund. „Es sind nicht meine Füße, denen ich wirklich vertraue, es ist die Fähigkeit, andere dazu zu bringen, für mich zu laufen."

Körper

Der Oberkörper bei Menschen mit dieser Grundstruktur ist absolut dominierend – es entsteht eine deutliche Gewichtung. Während Becken und Beine schwach wirken, ist die obere Körperhälfte größer und hat auch viel mehr Energie als die untere. Die aufwärtsgerichteten Impulse sind stark, um Macht, Kontrolle und Dominanz zu übernehmen. Die abwärts gerichteten Impulse sind schwach. Starke Spannungen an der Schädelbasis. Die Schultern sind angespannt, die Arme relativ unbeweglich. Die Augenpartie weist eine starke Spannung auf.

Stärken, was schwach ist

Bei allen bisher vorgestellten Strukturen ist eine Schwäche in den Beinen, im Kontakt zum Boden und in der Entwicklung zur Eigenständigkeit zu beobachten, da die gesunde Entwicklung des Selbst duch äußere Einflüsse gehemmt oder gestört wurde. Es ist also deutlich, daß eine Harmonisierung damit beginnen muß, die Beine zu stärken. Wenn man einem Menschen dieser Charakterstruktur gegenübertritt, ist es schwer, sich vorzustellen, daß man ihm helfen könnte, stärker zu werden. Der Oberkörper wirkt mächtig, manchmal fast aufgebläht, als wäre es ihm unmöglich, wirklich auszuatmen. Und als Schutz haben Menschen dieser Struktur auch oft ihr Selbst »aufgebläht«. Unwillkürlich denkt man an die Drohhaltung von manchen Tieren. Doch wer kennt diese Phasen nicht an sich selbst, meistens aus der Pubertät. Alle Welt erhebt den Vorwurf, daß man eingebildet und überheblich ist, während man sich selbst, ob mit oder ohne Pickel, als das Allerletzte empfindet. Die Nase ist zu lang, zu breit oder zu wenig gerade. Der Mund zu groß oder zu klein, die Haare zu dünn oder zu dick, zu glatt oder zu kraus. Und um sich all diese beschämende Unvollkommenheit nicht anmerken zu lassen, entwickelt man diese hochnäsige Unnahbarkeit als Mauer, hinter der man sich so ganz allmählich zu einem zwar nicht vollkommenen, aber doch ganz annehmbaren Menschen entwickeln kann und – was noch wichtiger ist – langsam für sich selbst annehmbar wird. Erst dann kann man nach außen wieder mehr Offenheit und Freundlichkeit zeigen und die überhebliche Maske ablegen. Ähnlich ist es bei der Struktur des verführten Kindes. Der etwas aufgeblähte Oberkörper, die athletischen Schultern, die prüfenden Augen (nicht ganz so ausgeprägt beim verführenden Typ) signalisieren Macht und Stärke. Aber wehe, wenn man hinter diese Fassade blickt, da ist nur noch ein verunsichertes Kind. Also wird sich die Starre erst lösen können, wenn eine innere Stabilität aufgebaut ist. Als erstes muß die Atmung vertieft werden. Die Atmung schwingt zwischen zwei Polen – dem Volumen, wenn man tief eingeatmet hat, und dem Vakuum, wenn man ganz ausgeatmet hat. Die Menschen der ersten beiden Charakterstrukturen atmen nicht tief ein, sie schöpfen das Volumen der Bauch- und Brustatmung nicht aus, vermutlich aus dem Gefühl heraus, daß ihnen so viel Raum nicht zusteht. Das Gegenteil ist bei dieser Struktur der Fall.

Das »verführte« Kind mußte immer mehr Platz einnehmen, als gut für eine gesunde Entwicklung war; dementsprechend ist das Einatmen kräftig, Brust- und Bauchvolumen sind voll ausgenutzt. Und trotzdem ist die Versorgung des Körpers mit Sauerstoff mäßig. Es scheint, als ob eine Furcht besteht, wirklich auszuatmen, das heißt, die ganze Atemluft herauszulassen, damit die Atmung wirklich frei schwingen kann. Wenn Sie einen Moment tief und konzentriert atmen, dann merken Sie auch, weshalb die Angst vor dem wirklichen Ausatmen bei manchen Menschen so ausgeprägt ist. Wenn die gesamte Atemluft aus dem Körper entwichen ist, tritt ein Gefühl tiefer Entspannung ein, des Sich-weich-Fühlens, des Ganz-bei-sich-selbst-Seins. An diesem Punkt ist man ganz offen für das, was in einem ist, selbst die übliche Panzerung ist etwas durchlässiger geworden. Und genau das ist der Punkt, an dem Menschen mit einer solchen Kindheitsgeschichte die ganze Hilflosigkeit spüren einer Rolle gegenüber, die sie wichtig und mächtig erscheinen läßt, aber niemals Sicherheit und Geborgenheit gibt. Sie wurden nicht um ihrer selbst willen geliebt. Doch ist es die Begegnung mit dieser Hilflosigkeit, die einen ersten Schritt aus der Starre möglich macht. Es ist die Erfahrung, daß man hilflos sein darf, ohne daß eine Katastrophe passiert, ohne daß man verschluckt wird. Daraus entwickelt sich ein Gefühl für die eigene Identifikation, aus der heraus mehr Sicherheit aufgebaut werden kann. Es sind die eigenen Beine, die den Körper tragen, also kann man diesen angestrengten Kraftakt der Schultern und des Oberkörpers langsam abbauen und diesen dicken Panzer, hinter dem alle Gefühle verschwinden, langsam etwas lockern. Alles ist ein Prozeß – nichts passiert plötzlich. Doch in dem Moment, in dem ich Vertrauen zu meinem eigenen Stehvermögen entwickle, brauche ich die Blockaden und Panzerungen als Krücke nicht mehr. Tägliche Grounding-Übungen (siehe S. 46) helfen das Vertrauen zu Becken, Beinen und Füßen zu verstärken.

Das unterdrückte Kind

Ein Bäumchen, das beschnitten, gestutzt und in eine bestimmte Form gezwungen wurde, wird einen festen Stamm entwickeln, um unverletzbar zu werden.

„Ich werde niemals nachgeben, ganz egal, was Du mir antust." Der Mensch, der in seiner Ich-Entwicklung durch die dominierende Macht eines Elternteils bestimmt, gegängelt und entmachtet wurde, hat sich zwar der Übermacht gebeugt, aber er wurde nie unterworfen. Trotzdem bleibt die Angst, wenn er auch nur ein einziges Mal nachgibt, in die vollkommene Unterwerfung zu fallen. Zugleich wünscht er sich, seinen Gefühlen nachzugeben und sie auszusprechen. Diese beiden mächtigen, sich widersprechenden Tendenzen lassen ihn in die Falle des sogenannten »masochistischen Morasts« geraten. Unbewußt provoziert er Menschen in der Hoffnung, daß sie ihn zwingen nachzugeben, um endlich seine ganzen Gefühle nicht nur unbefriedigend durch Jammern und Klagen auszudrücken, sondern zu schreien, zu weinen, Wut zuzulassen und sich fallenlassen zu können.

Lebensstrategie

Die Unterdrückung aller Versuche des Selbstausdrucks und der Selbstbehauptung, sogar der Versuch, die Kontrolle über die Essensaufnahme und den Stuhlgang zu übernehmen, lösten zuerst einmal Widerstand bei dem unterdrückten Kind aus. Doch auch der Widerstand, jeder Temperamentsausbruch wurden erstickt. In der einzigen unbewachten Nische, ganz tief drinnen, nistete all die zurückgehaltene Wut, der Wunsch nach Eigenständigkeit in Form einer Haltung boshafter Negativität. Die Gefühle sind gefangen und steckengeblieben in einer heimlichen Feindseligkeit. Was bleibt, ist wirkliches Leiden, da diese Menschen von sich aus nicht imstande sind, die Situation zu ändern. Die Partnersuche scheint häufig wieder dem Muster zu folgen, daß ein Unterdrücker ideal erscheint. Denn auf seine Leidensfähigkeit kann sich ein Mensch dieser Charakterstruktur verlassen, da fühlt er sich »daheim«. Und bei einem unterdrückenden Partner besteht natürlich die Hoffnung, daß es irgendwann doch einmal zu viel wird, der Knoten platzt und sich die ganzen negativen Gefühle entladen. Nur ein unterdrückender Partner verspricht die Erlösung. In dieser Partnerschaft kann sich auch eine seltsame Form des Machtkampfes entwickeln: „Was immer du dir auch an Gemeinheiten ausdenkst, mich bringst du nicht dazu auszurasten." Diese Zwiespältigkeit, die eigentlich nach einer explosiven Lösung strebt, hinterläßt dieses ständige Gefühl, in einem Morast zu stecken. Dazu paßt auch die Unfähigkeit, sich leicht und frei zu bewegen, das Zurückhalten von Emotionen und das Abwürgen von Impulsen. Tief im Innern entsteht das Gefühl, gleich platzen zu müssen.

Körper

Der Körper ist »gedrückt«, etwas schwer. Die Muskeln sind besonders kräftig entwickelt. Der Hals ist kurz, der Nacken kräftig, der Kopf sitzt eng auf den Schultern. Gelegentlich sind Oberschenkel und Oberarme verkürzt. Das Becken ist vorgeschoben, während das Gesäß »eingezogen« ist. Das erinnert an die Haltung eines ängstlichen Tieres, das den Schwanz einzieht, wenn es angesichts eines übermächtigen Gegners angebracht erscheint, weder Neugierde, Freude noch Aggression zu zeigen. Dies hängt mit der Erniedrigung zusammen, die dieser Mensch als Kind erfahren hat, wenn er seinen Gefühlen »freien Lauf« gelassen hat.

Stärken, was schwach ist

Die erste Unterstützung, die man sich selbst geben kann, ist sich zu strecken, zu dehnen, zu weiten. Das klingt einfach und lustvoll, doch bei Menschen dieser Struktur löst es auch Angst aus: Wenn man sich ausdehnt, wird man beschnitten, abgeschnitten, wie ein Baum gefällt. Es sind starke Kastrationsängste, die mit dem Gefühl des Ausdehnens verbunden sind. Genau so wichtig ist die Erkenntnis, daß das Wort »Nein« nichts Unanständiges oder Unerhörtes hat. Die unzähligen »Neins«, die sich im Körper abgelagert haben und alles so schwer und so negativ machen, müssen heraus. Das einzige bisher erlaubte »Nein« – die Verweigerung – macht nämlich keinen Spaß. Die Verweigerung sorgt dafür, daß man sich noch schwerer und unbeweglicher fühlt. Es gibt andere Wege, um die Wut herauszulassen. Haben Sie schon mal unter einer Eisenbahnbrücke, über die gerade der Zug donnert, geschrien? Das ist sehr lustvoll und für jeden nur zu empfehlen. Denn schließlich können die armen Mitmenschen, die uns gerade begegnen, nichts für diesen ungeheuren Ballast an unterdrückter Wut, den wir mit uns herumschleppen. Schreien kann man auch, wenn man alleine auf der Autobahn oder Landstraße fährt.

Ich möchte auch noch ein etwas tabuisiertes Thema ansprechen, das mit dem eingezogenen Gesäß zusammenhängt. Man hat dem Kind die Verantwortung für das erste selbstständig produzierte Produkt auf dem Töpfchen oder in den Windeln durch übermäßige, sich überstülpende Aufmerksamkeit und Bevormundung genommen. Von dieser Zeit bleibt auch noch eine Menge analer Wut übrig, die freigelassen werden will. Die Vulgärsprache ist voller analer Schimpfworte, nutzen Sie sie, wenn

Ihnen etwas auf den Fuß fällt, wenn wieder mal alles schief geht. Sie haben in diesem Fall durchaus erleichternde Wirkung. Der ganze Körper eines als Kind unterdrückten Menschen muß lernen, sein »Nein«, seine Gegenwehr und letztlich das eigene Selbstverständnis zurückzugewinnen. Die Wut fühlen, ohne Schuldgefühle und ohne gleich wieder den Kopf zwischen die Schultern zu ziehen, das ist das Ziel. Dann kann sich langsam der Morast an negativen Gefühlen und Konfrontationsversuchen auflösen, er wird abgebaut. Vielleicht warnen Sie Ihre Umgebung, daß Sie eine etwas schwierige Phase durchleben, in der Sie durchaus nicht so bequem und leicht handhabbar sind, wie Sie es immer waren. Sie werden sich verändern, wenn Sie sich bewußt gegen das eigene masochistiche Muster wenden. Es ist ein Risiko, aber es lohnt sich.

Wichtig ist es auch zu üben, den Kopf hoch zu halten, den Nakken zu strecken. Die Füße müssen gestärkt werden, genauer gesagt, die Sprunggelenke, damit Sie springen und fliegen können, um der Schwere entgegenzuwirken und dem Morast zu entkommen.

Ein Bäumchen, das zu schnell groß werden mußte, sollte lernen, biegsam zu werden, damit es in den Stürmen des Lebens nicht zerbricht.

Menschen dieser Charakterstruktur zeigen häufig Strenge, sind ordentlich, pünktlich, ehrgeizig. Hinter so viel Rigidität versteckt sich aber ein sehr liebevolles und liebebedürftiges Herz. Die unbewußte Position heißt: „Ich gebe nicht auf, ich gebe nicht nach, ich muß es alleine schaffen." Eine Reaktion auf ständige Überforderung als Kind. Damit wird eine Niederlage des Ichs und ein Eingeständnis, versagt zu haben, vermieden. Denn geliebt wurden sie als vernünftige Kinder, stark genug, um selbst Erwachsene zu stützen. Eine Niederlage wäre existenbedrohend.

Da die zeitliche Entstehung dieser Entwicklung oft mit der Entdeckung der eigenen Sexualität zusammenfällt, ist ein Nachgeben oder Aufgeben fast wie der Verlust der Potenz, der Verlust der sexuellen Anziehung, ein Eingeständnis von Abhängigkeit und Bedürftigkeit. Und gerade das erscheint Menschen mit rigider Charakterstruktur wie eine Selbstaufgabe. Sie mußten meistens sehr früh erwachsen werden – oft das Schicksal des ältesten Kindes, das aus der sicheren Position des Einzelkindes durch die Geburt eines Geschwisterchens verdrängt wurde. Voller Eifersucht sieht das Kind, wie jetzt das Baby die ganze Zärtlichkeit und Zuwendung bekommt, auf dem Arm getragen wird, die Brust bekommt, gebadet und gepudert wird und die Aufmerksamkeit aller auf sich zieht. Wo ist da Platz für die eigene Bedürftigkeit? Der typische Weg der ältesten Geschwister nach einer Phase des Aufbegehrens, des Babyspielens, der Wut und Enttäuschung: Sie nehmen die Position zwischen den kleineren Geschwistern und den Eltern ein. Die zuverlässigen und verständigen Vertrauten der Eltern, die deutlich eine Position über den Geschwistern besetzen. Diese bevorzugte Stellung bringt aber zugleich den Verlust des Kindseins, den Verzicht auf Spontaneität, Unverantwortlichkeit, Unvernunft und Sorglosigkeit. Die Erhaltung dieser Stellung erfordert eine ständige Kontrolle seiner selbst und der gesamten Familie, um nicht wieder aus der errungenen Position verstoßen zu werden, so wie es schon einmal geschehen ist.

Lebensstrategie

Das Kind, das nicht Kind sein durfte, hat seine Lebensstrategie sehr viel bewußter eingenommen, auch später vom Zeitablauf her und mit einem sehr viel stabileren Selbstwertgefühl. Trotzdem ist auch hier eine Falle in der Kindheit zugeschnappt, die sich nur öffnen läßt, wenn man erkennt, wie der Mechanismus der Falle funktioniert. Die Lebensstrategie heißt: Da ich die Zärtlichkeit, Fürsorge und Aufmerksamkeit nicht für das bekomme, was ich bin, muß ich mir alles verdienen. Aus einem Kind, das darauf wartet, daß seine Bedürfnisse erfüllt werden, wird ein Kind, daß die Verantwortung für die Bedürfnisse anderer übernimmt. Aber natürlich wartet es darauf, daß es letztlich doch bekommt, was es sich so sehr wünscht. Nur, leider ist es ganz schwer, überhaupt zu erkennen, worauf ein Mensch mit rigider Struktur wartet, wenn man immer nur den partnerschaftlichen Menschen vor sich sieht. Dieses Partnerschaftsangebot gilt für alle Bereiche. Diese Menschen sind hervorragende Mitarbeiter, verläßliche Ehepartner und dauerhafte Freunde. Doch das, was sie am meisten wünschen, daß man ihre starken Liebesgefühle, die lebendige, vibrierende Person und die ganze erotische Ausstrahlung unter der Strenge entdeckt, verhindern sie zugleich. Von daher ist auch immer etwas in ihrer Haltung, das Enttäuschung signalisiert. Ich tue immer alles für dich, du müßtest eigentlich erraten, was ich mir von dir wünsche. Vielleicht ist die Struktur am besten so beschrieben: ein heißes Herz, aber kühle Hände. Diese Menschen halten ihre Gefühle zurück, da sie auf diesem Weg keinen Erfolg erwarten. Sie haben bereits in der Kindheit erfahren, daß es nichts hilft, einfach Gefühle und Bedürfnisse zu äußern. Es funktioniert nicht.

Bisher haben wir nur vom Verstoßen aus dem Paradies durch jüngere Geschwister gesprochen, aber es kann auch jede andere Umstellung im Leben der Eltern sein. Eine Scheidung, eine finanzielle oder existentielle Gefährdung, die Erkrankung oder der Tod eines Elternteils. Das bedeutet häufig, daß ein Kind zu früh gezwungen ist, Verantwortung zu übernehmen. Also eine permanente Überforderung. Unter solchen Bedingungen entwickelt ein Kind Eigensinn und Unbeugsamkeit. Wenn ich selbst die einzige Person bin, auf die wirklich Verlaß ist, dann muß ich in allen Situationen auf Biegen und Brechen durchhalten.

Körper

Der Körper ist harmonisch, ausgeglichen, die Bewegungen gut koordiniert und anmutig. Auffällig ist allerdings eine allgemeine Starre, speziell in den langen Muskeln im Rücken und im Nacken. Die Augen wirken angestrengt, die Zone um die Augen hat starke Spannung. Genitalien und Hände sind ebenfalls angespannt, die Brust aufgepumpt und starr, als müßte ein starker Panzer das warme, lebendige Herz schützen. Ich habe manchmal den Eindruck, daß der ganze Körper die Aufgabe übernimmt, dieses Herz zu bewahren. Der Kontakt mit dem Boden ist meistens recht gut, aber auch die Beine neigen dazu, starr zu sein. Vibrationsübungen mit den Beinen verbessern den lebendigen Kontakt zum Boden, geben Sicherheit ohne Starre. Eine Übung, die sehr hilfreich ist, aber bei jedem Menschen dieser Struktur auf viel Abwehr stößt, ist die Fallübung von Seite 110/11. Sie ist bedrohlich, weil sie die gesamte Lebensstrategie – niemals nachgeben, niemals aufgeben – in Frage stellt. Doch wenn die Übung häufiger wiederholt wird, kann die Angst überwunden werden, daß jedes »Fallenlassen« das endgültige Aus bedeutet. Nur wer bereit ist zu fallen, übt die Fähigkeit, wieder aufzustehen. Das ist wirkliche Sicherheit!

Stärken, was schwach ist

Ich habe schon einige Male gezögert, ob die Überschrift »Stärken, was schwach ist« wirklich für jede Charakterstruktur geeignet ist. Denn auch hier hat man eher das Gefühl, daß ein Mensch dieser Struktur eher lernen muß, alles Schwache, Weiche, Nachgiebige zu akzeptieren. Doch ich weiß, daß jede Öffnung, jedes »Sich-Gehenlassen« nur möglich ist, wenn man auf der anderen Seite eine neue Stärke und Sicherheit in sich entdeckt. Man kann nicht sein Herz öffnen, wenn jede Zurückweisung als Verrat, als endgültige Vertreibung aus dem Paradies, begriffen wird. Hinter all dieser Vernunft und Kontrolle hockt ein Kind, das sich einfach verraten und betrogen fühlt.

Man muß lernen, daß Zurückweisung ein Teil des Lebens ist. Aber es macht keinen Sinn, wenn man das Kind in sich zurückweist, seine Existenz leugnet, es nicht leben läßt, um es zu schützen. Das Wichtigste ist, dieses Kind wiederzuentdecken, sein Herz zu öffnen und den zarten Gefühlen Raum zu geben. Oft fängt die Schwierigkeit schon damit an, daß man nicht einmal genau weiß, was man wirklich möchte. Es lief immer alles über den Kopf – aber was will eigentlich mein Bauch, was wünscht sich das Kind in mir? Da öffnet sich ein völlig neues Forschungsfeld. Und so eine Aufgabe liegt Menschen dieser Struktur.

Daniel ist ein typischer Vertreter der rigiden Charakterstruktur: ehrgeizig, zuverlässig, fleißig mit einem ausgeprägten Pflichtgefühl. Aber er wirkt müde und überfordert. Als ich ihm das sage, bestätigt er, daß er das Gefühl hat, ständig am Rande der Erschöpfung zu leben. Selbstironisch, wie er ist, meint er aber, daß er sich den totalen Zusammenbruch immer fürs Wochenende aufhebt, damit er am Montag wieder am Schreibtisch sitzen kann. Mir fiel noch etwas anderes auf, es schien so, als ob er die Erschöpfung wie einen Fremdkörper betrachten würde, mit so etwas wie Haß. Ich fragte ihn danach, und er reagierte auffällig heftig.

D.: Ich hasse das, wenn ich jede Power verliere. Dann fühle ich mich ganz leer. Power ist etwas, was mich ausmacht. Ich finde das gut an mir. Aber diese Erschöpfung – ich mißtraue der Erschöpfung auch. Ich weiß, das klingt komisch, aber ich mißtraue mir, sobald ich diese Erschöpfung spüre. So als wollte ich mich drükken, eine Ausrede suchen.

U.: Eine Ausrede für das Wochenende?

D.: Ich habe auch schon überlegt, ob ich mich vor irgend etwas am Wochenede drücken will. Aber das ist es nicht. Es ist, als würde sich die Erschöpfung über alles legen, über meine Power, über mich und alles ersticken.

U.: Kannst du dir ein Bild von der Erschöpfung machen? Wie sieht die Erschöpfung aus?

D.: Ich will sie nicht sehen, bestimmt ist sie schleimig und eklig.

U.: Wie sieht deine Power aus?

D.: Rot.

U.: Mache die Augen zu und laß das Bild deiner Power vor dir auftauchen.

D.: (Nach einer Weile) Das sieht aus wie ein Bär. Ein schwarzer oder dunkelbrauner Bär. Er wirkt gequält. Er sieht mich gequält an, fast vorwurfsvoll. (Pause) Er ist erschöpft.

U.: Ist er die Erschöpfung?

D.: Nein, er ist schon die Power, aber er ist erschöpft. Er sieht aus, als wollte er sagen, warum immer ich. Ich brauche doch auch mal eine Pause. Er tut mir richtig leid. Und er ist in einer Art dumpf. Er macht immer weiter, ohne sich zu wehren, ich glaube, er ist ein bißchen stumpfsinnig. Er könnte sich doch wehren. Warum macht er das nicht?

U.: Kannst du ihn fragen, warum er sich nicht wehrt?

D.: Er hat keine Worte. Er ist ja nur ein Tier. Er wiegt vor Erschöpfung den Kopf. Immer hin und her, wie man das bei gefangenen Tieren sieht. Ich weiß, wenn ich ihn rufe, wenn ich Power brauche, dann macht er weiter. Er muß es immer bringen. Das geht über seine Kraft.

U.: Kannst du dir jetzt die Erschöpfung vorstellen? Mache es nicht mit dem Kopf. Halte die Augen geschlossen und schau dir die Erschöpfung an.

D.: (Er lächelt ein spitzbübisches Lächeln, sagt aber nichts. Erst nach einer ganzen Weile beginnt er zu beschreiben, was er sieht.)

Die Erschöpfung ist hell, ein bißchen neblig. Sie ist ausgesprochen weiblich. Sie ist . . . frech. Nein, das ist falsch. Sie ist pfiffig. Sie macht, was sie will, aber sie stellt sich nicht. Sie schwebt einfach so rum und macht, was sie will. Sie ist gescheit und kreativ. Sie schafft sich Platz für neue Ideen.

U.: Schafft sie dir auch Platz für Kreativität?

D.: Das ist komisch – die Erschöpfung? Ja, ich glaube, so ist es.

U.: Es wäre sicher spannend, wenn du deinen Power-Bär und die Erschöpfung zusammentreffen läßt.

D.: Ich glaube, die mögen sich. Die Erschöpfung schmust mit meinem Bär. Oder sie tröstet ihn.(Pause. Daniel hat Tränen in den Augen. Sie laufen ihm einfach über das Gesicht. Es ist ein seltsames, völlig lautloses Weinen. Nach langer Zeit sagt er mit erstickter Stimme:) Sie hilft ihm!

Rollen

Das war ein Versuch, einen Überblick über die unterschiedlichen Rollen zu schaffen, die wir Menschen auf der Bühne des Lebens spielen. Eine Rolle spielen ist nicht schlecht, in irgendeiner Form spielt jeder eine Rolle. Wer für sich die Rolle gefunden hat, in der er glücklich ist, die seinen Wünschen und seinem Lebensgefühl entspricht, in der er möglichst viel Freiheit findet, für den gibt es keinen Grund, nach einer anderen Rolle zu trachten. Doch wenn sie einengt, vieler Lebens- und Liebesmöglichkeiten beraubt, starr und hilflos macht, dann ist es die Rolle, die uns beherrscht und nicht umgekehrt. Und das ist ein schlechter Zustand! Wenn man merkt: ich sitze in der Falle, ich habe keine andere Möglichkeit mehr zu reagieren, ist man wirklich das hilflose Opfer der eigenen Lebensstrategie. Und dann gilt es Weichen zu stellen, das enge Korsett, das wir uns selbst angelegt haben, aufzuknöpfen.

8

Dorthin zurück, wo die Weichen gestellt wurden

„Kann ein Mensch in einem langen Prozeß erleben, daß er nie als das Kind, das er war, sondern für seine Leistungen, Erfolge und Qualitäten 'geliebt' worden ist, daß er seine Kindheit für diese 'Liebe' geopfert hat, so wird ihn das zu großen inneren Erschütterungen führen, aber er wird eines Tages den Wunsch verspüren, mit dieser Werbung aufzuhören. Er wird in sich das Bedürfnis entdecken, sein wahres Selbst zu leben und sich nicht länger Liebe verdienen zu müssen, eine Liebe, die ihn im Grunde doch mit leeren Händen zurückläßt, weil sie dem falschen Selbst gilt, das er aufzugeben begonnen hat.“ Alice Miller*

Zu »begreifen« heißt erneut fühlen, daß nicht die Bedürfnisse und Gefühle des kleinen Kindes unvernüftig waren, sondern wie damit umgegangen wurde. Nur dadurch können wir Vertrauen finden, daß das, was wir so lange vor uns selber und vor anderen versteckt gehalten haben, nicht falsch ist, daß es ein wertvoller und wichtiger Teil unserer Persönlichkeit ist. Wir werden reicher, wenn dieser Teil wieder gelebt werden darf, gelebt werden kann. Unser Weg zurück in die Kindheit hilft uns das »fehlende« Stück von uns wiederzufinden, das uns ganz macht, das die Lücke, das Loch in unserem Leben schließt.

In der Kindheit liegt der Schlüssel für das, was wir heute und hier erleben und erleiden, und noch mehr für das, was wir uns nicht gestatten zu leben. Dorthin müssen wir zurück, um die tiefe Kränkung, die Verunsicherung oder die Narbe zu verstehen, die uns wie ein Seismograph bei bestimmten Signalen oder Schwingungen sofort reagieren läßt und uns immer wieder in Angst, Einsamkeit und Chaos stürzt. Das funktioniert ähnlich wie bei kör-

* Alice Miller: *Das Drama des begabten Kindes.* Suhrkamp Verlag, Frankfurt am Main 1979

perlichen Verwundungen oder Operationsnarben, die schlecht verheilt sind. Bei jeder Witterungsveränderung beginnen sie wieder zu schmerzen, und die Angst vor diesem immer wiederkehrenden Schmerz macht uns vorsichtig. Wir glauben, wir »schonen« die Muskeln rund um die schmerzende Stelle; in Wirklichkeit verkrampfen wir die Muskeln, machen sie hart und unflexibel, und damit schränken wir die normale Funktion des Körperteils weiter ein. Statt Schonung findet trotz eingeschränkter Beweglichkeit durch die Verkrampfung eine ständige Überbeanspruchung statt.

Die inneren Verletzungen, die Narben auf der Seele, haben eine unterschiedliche Qualität und wirken sich unterschiedlich aus, je nachdem, in welcher Entwicklungsphase des Säuglings oder des Kindes sie entstanden. Solche Verletzungen sind natürlich selten die Folge einer einzigen Erfahrung, sondern eines permanenten Mangels oder einer verunsichernden bzw. bedrohlichen Grundsituation, die den natürlichen Bedürfnissen des Säuglings oder Kindes entgegenstanden. Gerade während der ersten Lebensphase ist dieser hilflose kleine Mensch ganz davon abhängig, daß ein anderer seine Bedürfnisse befriedigt. Er kann nicht wie ein neugeborenes Fohlen hinter der Mutter herlaufen und an ihrem Bauch den Quell seiner Nahrung suchen, zwischen ihren Beinen Schutz suchen und durch zärtliches Schubsen ihre Aufmerksamkeit auf sich ziehen. Ein neugeborenes Kind kann nur schreien, um seine Bedürfnisse erfüllt zu bekommen. Die ersten Bedürfnisse sind Hunger, der Wunsch nach angenehmer Wärme und nach Berührung. Der kleine Mensch möchte bewegt, geschaukelt werden, so wie er es gewohnt war, als er noch im Körper der Mutter war. Das Gefühl geliebt zu werden und das Gefühl von Sicherheit und Geborgenheit gehören auch dazu. Wird eines dieser Bedürfnisse nicht erfüllt, kommt es zu emotionalen und körperlichen Entwicklungsstörungen, wie sie im Abschnitt »Das Kind von früher lebt in uns weiter« bereits beschrieben wurden.

Im Alter von zwei bis drei Jahren beginnt das Kind, seinen eigenen Willen zu entwickeln. Eigene Vorstellungen entstehen und die Freude daran wächst, selbständig Dinge tun zu können. Mit dieser erwachenden Eigenständigkeit, der Entwicklung des eigenen Willens kommt es immer zum Konflikt mit den Eltern. Dieser Konflikt wird sogar gesucht, um noch besser die eigene Selbständigkeit zu spüren. Der kleine Mensch probt den Aufstand, inszeniert einen Machtkampf mit dem Ziel, aus der absoluten Abhängigkeit herauszukommen. Der wirklich tiefgreifende Konflikt entsteht erst, wenn der Übergang in diese neue Lebensphase nicht geschafft wird oder nur unter Verlust. Wenn die starre Vorstellung, die übertriebenen Besitzwünsche der Eltern keinen Raum für das sich formende Individuum lassen, beginnt eine Sackgasse. Das Kind gibt entweder die eigenen Vorstellungen auf und erhält sich durch den Verzicht auf seine individuelle Willensbildung die Liebe der Eltern – oder es ertrotzt sich seine Eigenständigkeit den Eltern gegenüber und erfährt Strafe, Zurückweisung und möglicherweise einen Verlust an Liebe. Ein hart erkämpfter Sieg, der viele Narben hinterläßt, Abwehrmechanismen und Panzerungen aufbaut, die uns oft ein Leben lang begleiten, uns daran hindern, nachgiebig und weich zu sein, unsere Fähigkeit blockieren, Liebe und Lust zu empfinden. Erst wenn wir zu diesem Punkt, an dem die Weichen gestellt wurden, zurückkehren, ist es möglich, die Verhärtung allmählich zu lösen.

Die erste direkte Begegnung mit dem inneren Kind

Diese Übung führt über körperliche Entspannung zu inneren Bildern und unbewußten Inhalten.

Legen Sie sich mit dem Rücken auf eine weiche Decke oder dünne Matratze. Die Augen schließen, die Kleidung sollte nirgends spannen oder drücken. Atmen Sie ruhig und gleichmäßig aus und ein, folgen Sie dem Atem, spüren Sie, wie sich Bauch und Brust ausdehnen, um dann wieder einzusinken. Lenken Sie Ihre Aufmerksamkeit auf die feinen Muskeln rund um die Augen, versuchen Sie alle Spannungen mit dem Atem gehen zu lassen. Nehmen Sie sich so viel Zeit, wie Sie brauchen. Jetzt zum Kiefer. Öffnen Sie leicht den Mund und versuchen Sie die starken Kiefermuskeln zu entspannen. Vielleicht müssen Sie jetzt gähnen – tun

Sie es mit Lust, es ist ein Teil der einsetzenden Entspannung. Lassen Sie Ihre Aufmerksamkeit zum Nacken wandern und nach einigen Atemzügen der Entspannung weiter zu den Schultern und Schulterblättern. Spüren Sie, wie sich die Spannung mit jedem Atemzug löst, wie die Schulterblätter tiefer in die Decke einsinken, wie sich die Schultern lösen, als fiele etwas von ihnen ab, was sie schon viel zu lange tragen mußten, wie die Spannungen im Nacken-Schulterbereich nachlassen.

Geben Sie sich weiter dem wiegenden Rhythmus des Atems hin und spüren Sie, wie sich die Brust, wie sich die einzelnen Rippen bis in den Rücken hinein ausdehnen und wieder zusammenziehen, wie in dieser rhythmischen Bewegung auch der Rücken weicher wird, die Taille oder das sogenannte Hohlkreuz tiefer in die Unterlage sinkt. Folgen Sie dem Rückgrat Wirbel für Wirbel bis zum Becken.

Stellen Sie sich vor, wie sich das Becken ausdehnt, immer weiter wird und Raum schafft. Sie werden leichte Vibrationen im Bauch, im Bereich des Sonnengeflechts unterhalb des Rippenbogens spüren. Dieser sich ausdehnende lebendige Raum, der zwischen den Beckenknochen wie in einer schützenden Schale ruht, birgt im Zentrum Ihr inneres Kind. Können Sie es spüren? Wie fühlt es sich an? Ist es weich, warm und lebendig oder ist es verborgen, wie in einer schützenden, glatten Kugel? Ist es hell oder dunkel? Versuchen Sie ein Gefühl für dieses Kind zu entwickeln. Können Sie es sehen? Können Sie ihm in die Augen sehen? Wie alt ist es? Haben Sie das Bedürfnis, es in den Arm zu nehmen oder brauchen Sie vorerst noch Distanz, um ein vorsichtiges Kennenlernen zuzulassen? Nehmen Sie sich so viel Zeit, wie Sie brauchen, um ihre eigenen Gefühle zu diesem inneren Kind lebendig werden zu lassen, und versuchen Sie zu spüren, welche Gefühle und Wünsche es selbst hat. Wenn Sie das Bedürfnis haben, sich zu verabschieden, sagen Sie Ihrem inneren Kind ein paar Worte, so, wie Sie es im Moment empfinden. Das könnte sich innerhalb folgender Bandbreite bewegen: „Sei mir nicht böse, ich kann noch absolut nichts mit dir anfangen, kann dich nicht einmal fühlen“ bis hin zu „Ich bin so froh, daß ich dich kennengelernt habe. Ich glaube, ich kann dich liebhaben." Lassen Sie sich Zeit und kehren Sie langsam auf Ihre Decke oder Matratze zurück.

Es gibt ein paar sichere Mittel, um jede Übung zum Scheitern zu bringen. Das sind Leistungsdruck und die genaue Vorstellung, wie es zu sein hat. Wenn es beim ersten Mal noch schwierig ist, Sie sich nicht konzentrieren können oder heftige Abwehr entsteht, heißt das nur, daß Sie noch wenig Kontakt zu Ihrem inneren Kind haben, vielleicht sogar Ablehnung spüren. Um so wichtiger und bereichernder ist die allmähliche Auflösung der Abspaltung. Aber Vorsicht bei Gedanken wie: „Das ist doch lächerlich, albern, solchen Unsinn mache ich nicht." Das ist die typisch »erwachsene« Abwehr gegen »kindliche« Irrationalität und Kreativität, eine Verhinderung, sich überhaupt auf den heilenden Prozeß einzulassen.

In verkürzter Form ist diese Übung als tägliche Entspannung, als Energiequelle und als vertiefender Kontakt zu Ihren inneren Kräften und Fähigkeiten besonders zu empfehlen. Sie werden spüren, wie diese Übung nach einem arbeitsreichen Tag wieder aufbaut, einen Zustand von Entspannung und Energie zugleich, ein ausgewogenes Gleichgewicht schafft. Bei regelmäßigen Übungen stellen sich Erfolge recht schnell ein: Sie wirken jünger, ausgeglichener und haben auch nach außen spürbar mehr Kontakt zur eigenen Mitte.

Um Ihnen eine tägliche meditative Körperentspannung zu erleichtern, können Sie den Text auf eine Kassette sprechen. Machen Sie zwischen den einzelnen Anweisungen Pausen von drei bis fünf Atemzügen. Diese tägliche Übung sollte etwa zehn Minuten dauern.

9

Das Ende des inneren Kleinkrieges

„Mein eigenes Selbst muß genauso ein Objekt meiner Liebe sein wie irgendeine andere Person. Die Bejahung des eigenen Lebens, Glücks und Entfaltens sowie der eigenen Freiheit beruht in der eigenen Fähigkeit des Liebens, das heißt in Fürsorge, Respekt, Verantwortlichkeit und Wissen. Wenn ein Individuum in der Lage ist, schöpferisch zu lieben, liebt es sich selbst auch; wenn es jedoch nur den anderen lieben kann, ist es unfähig zu lieben." Erich Fromm*

Leben ist Energie, ist das Fließen, die Aufnahme, die Umsetzung und die Weitergabe von Energie. Wer verliebt ist, spürt diesen ungeheuren Energiezuwachs. Es ist, als ob alles gelingen, alles möglich sein kann, als ob sich die Lebenskraft verdoppelt hätte. Man atmet tiefer, das Herz schlägt kräftiger, die Haut ist durchblutet, die Augen strahlen.

„Wieviel Energie ein Mensch hat und wie er sie benutzt, wird über seine Persönlichkeit entscheiden und sich in ihr widerspiegeln. Manche Menschen haben mehr Energie als andere; manche brennen auf 'Sparflamme'. Ein impulsiver Mensch zum Beispiel ist nicht imstande, steigende Erregung oder Energie zurückzuhalten und muß den Überschuß so schnell wie möglich entladen." Alexander Lowen**

Untersuchungen haben ergeben, daß gerade depressive Menschen, unabhängig von komplizierten physischen und psychischen Faktoren, einen sehr niedrigen Energiespiegel haben. Alle Bewegungen sind reduziert und verlangsamt, offensichtlich fehlt die Energie, um in Bewegung zu kommen. Ihr gedrückter Energie-

* Erich Fromm: *Die Kunst des Liebens.* Verlag Ullstein GmbH, Frankfurt/M-Berlin-Wien 1976

** Alexander Lowen: *Bio-Energetik.* Scherz Verlag, Bern und München 1986

haushalt äußert sich in Mattigkeit und der Abnahme aller energetischen Funktionen. Sie sind müde, ohne schlafen zu können, sie atmen langsamer, haben wenig Appetit und einen schwachen Sexualtrieb. Es fehlt die Energie, sich aus dieser lähmenden Situation zu befreien, sich für eine Sache wirklich zu engagieren. Starke depressive Schübe führen zur völligen Apathie.

Wenn alles Leben Energie ist, dann muß bei einem Menschen, der so deutlich unter einem Mangel an Energie leidet, etwas mit dieser Energie geschehen sein. Entweder sie wird im wahrsten Sinne des Wortes an einem bestimmten Punkt festgehalten, oder sie rotiert in einem sinnlosen, kraftzehrenden Kreislauf, ohne etwas in Bewegung setzen zu können.

Panzerung

Ein gesundes Kind, das in liebevoller Geborgenheit aufwachsen kann, ist ein fröhliches Energiebündel. Erst wenn Impulse auf Dauer gebremst und die Persönlichkeitsentwicklung unterdrückt wird, kommt es zu einer scheinbaren Abnahme an Energie. Jeder ist schon einmal einem solchen Kind begegnet, dessen Gesicht, Körper und Bewegungen wie erstarrt wirken. Dazu kommt häufig noch Übergewicht, der sogenannte Kummerspeck, was zusätzliche Unbeweglichkeit bringt. Zum Glück ist dies in den meisten Fällen nur ein Zeichen für eine vorübergehende Krise und löst sich später wieder auf, doch ist es das typische Bild einer inneren Panzerung. Die Energie ist gebunden, sitzt fest in den Schultern, oft auch im unteren Rückenbereich, im Becken. Sie kann nicht genutzt werden für Aktivität, Kreativität und Kontakte zu anderen Menschen. Sie wird dazu gebraucht, eine Panzerung aufrechtzuerhalten, die gegen erneute Verletzungen schützen soll. Wir kennen das Modell aus Science Fiction-Filmen, wenn Raumschiffe gegen feindliche Angreifer ein Energieschild aufbauen, das äußere Attacken abhält, aber im Innern des Raumschiffes nur noch eine Notversorgung mit Energie zuläßt, weil alle Kraft in der Abwehr manifestiert ist. Das Tragische am Schutzschild, das Menschen um sich aufbauen, ist aber nicht nur die daraus resultierende Unlebendigkeit, sondern daß diese Charakterstruktur Aggressionen geradezu herausfordert. Jeder Mensch sucht Kontakt zu seinem Gegenüber, und wenn man einer scheinbar so harten, unberührbaren Schale begegnet, versucht man daran zu kratzen, zu schütteln, um eine Reaktion zu erreichen. Dieses Phänomen kann man auf jedem Schulhof beobachten. Manche Kinder scheinen prädestiniert zu sein, die Aggression anderer auf sich zu ziehen. Das kommt nicht von ungefähr, denn ein großer Teil der Panzerung besteht, neben der Angst, aus unterdrückter Wut. Wut allerdings, die nicht nach außen dringen kann, weil die Angst zu groß ist. Deshalb wendet sich die Wut meistens nach innen. Doch jeder, der solchen Menschen begegnet, spürt unbewußt das Vorhandensein dieser Wut, und das löst negative Gefühle aus.

Erst wenn es gelingt, den Prozeß umzukehren, die festgehaltene Wut in die Beine, in die Arme kommen zu lassen, kann die Energie wieder fließen. Andere Impulse, die durch die Wutpanzerung festgehalten wurden, werden wieder frei. Bleiben wir bei dem Beispiel des Jungen auf dem Schulhof. Ein Wutanfall wäre für ihn und für andere gefährlich, weil sich eine so mörderische Wut über lange Zeit angestaut und er nicht gelernt hat, mit dieser Wut umzugehen. Aber er könnte in einem Judokurs oder in einer anderen Disziplin der aus Asien kommenden Verteidigungs- und Kampfsportarten wieder Vertrauen in die Fähigkeit entwickeln, sich gegen Angriffe von außen verteidigen zu können. Es ist eine Möglichkeit, die angestaute Wut loszuwerden, ohne sich selbst und einem anderen Schaden zuzufügen, ohne dafür Bestrafung oder Liebensentzug befürchten zu müssen. Denn diese Furcht hatte ursprünglich die Panzerbildung ausgelöst.

Erlösungswunsch und Wiederholungszwang

Eine andere Form der »Energieverschwendung« ist der durch den tiefen, meist unbewußten Erlösungswunsch hervorgerufene Wiederholungszwang. Das innere Kind sitzt wie Froschkönig auf dem Brunnenrand und wartet auf Erlösung. Jeden Tag und immer wieder mit derselben hoffnungsvollen Erwartung. Da ist die Frau, die ständig damit beschäftigt ist, sich in ein möglichst gutes Licht zu rücken. Sie muß die brillanteste Unterhalterin sein, die beste Mutter, die liebevollste Freundin, die wendigste Geschäftsfrau, die verständnisvollste Beraterin. Doch egal, wieviel Erfolg sie hat, wieviel Zuwendung sie bekommt, egal, wieviel sie wirklich leistet, es reicht nicht, um das große Loch in ihrem Selbstwertgefühl zu stopfen. Und morgen beginnt der gleiche Kampf um Anerkennung.

Da ist der Mann, der sich immer wieder neu in die Liebe stürzt, die Intensität der Gefühle sucht, die vollkommene Nähe, das Herzklopfen, die Bestätigung, ein faszinierender Eroberer zu sein und doch keine Liebe findet. Die Mauer um das Herz ist viel zu fest, zu glatt und zu kalt. Durch die Liebe, die er bei Frauen hervorruft, glaubt er, diese Mauer erwärmen, schmelzen zu können. Und wenn es diesmal nicht gelungen ist, dann vielleicht bei der nächsten.

Im schlimmsten Fall führt dieser Wunsch nach Heilung, nach Erlösung und innerer Akzeptanz zu Zwangsneurosen. Ein bekanntes Beispiel ist der Waschzwang, also ein ständiges Bedürfnis, sich »reinzuwaschen«, meistens an den Händen und im Genitalbereich. Das weist schon in die Richtung eines sexuellen Schuldgefühls. Wenn ein Kind in extrem sexualfeindlicher Umgebung aufwächst, manchmal auch noch mit religiösem Fanatismus verbunden, dann müssen alle sexuellen Wünsche, Onanie oder Sexualträume Schuldgefühle auslösen. Der junge, heranwachsende Mensch kann sich nicht vorstellen, daß in den anderen Mädchen und Jungen sexuelle Wünsche der gleichen Intensität erwachen; er fühlt nur, daß er schuldig, schmutzig und verachtenswert ist und diesen Makel möchte er von sich abwaschen. Immer und immer wieder. Hier hilft nur ein behutsames Aufarbeiten der Schuldgefühle und das Erkennen, daß Sexualität zum Leben gehört, die Voraussetzung des Lebens ist und die einzig mögliche Erklärung dafür, daß er selbst von seinen Eltern gezeugt wurde.

Der Kampf mit dem inneren Kind

Auf einer Reise im Sommer beobachtete ich in einem großen, fast menschenleeren Park eine Mutter mit ihrer kleinen, etwa sechsjährigen Tochter, die immer wieder einen Namen rief und offensichtlich jemanden suchte. Sie wirkte völlig verzweifelt, Tränen standen ihr in den Augen. Als ich die Frau fragte, ob ich ihr helfen könne, erklärte sie mir, daß die kleinere Tochter verschwunden sei. Ich versprach, bei meinem Spaziergang nach dem kleinen Mädchen Ausschau zu halten. Wenig später sah ich einen Mann, offensichtlich den Vater, der durch den Park rannte, in jedes Gebüsch schaute, das den Bach von der Rasenfläche trennte und einen Namen schrie. Der Park hatte große, überschaubare Rasenflächen, die jedoch immer wieder unterbrochen wurden durch den sich windenden Bachlauf mit Büschen und größeren Baumgruppen. Etwa zehn Minuten später sah ich, wie das sechsjährige Mädchen auf ihre vermißte, etwa vierjährige Schwester zulief. Zwei schreiende, glücklich gestikulierende kleine Geschöpfe auf der großen Rasenfläche. Sie schrien die ganze Angst der letzten Viertelstunde, die Verzweiflung und die Freude über das Wiedersehen aus sich heraus, fielen sich in die Arme und kugelten auf der Wiese herum. Dann rannten sie zurück auf ihre Eltern zu. Doch die Eltern blieben völlig erstarrt an derselben Stelle stehen, auf der sie standen, als ihre kleine Tochter auftauchte. Beide standen für sich allein, fast vierzig Meter voneinander entfernt. Die Kinder rannten noch immer, riefen und jubelten, wurden dann aber langsamer, ängstlich. Als das kleine Mädchen bei der Mutter ankam, bekam es einen Klaps, wurde geschüttelt und offensichtlich ausgeschimpft. Zu all der Angst, die das kleine Mädchen hinter sich haben mußte, als es die Eltern nicht mehr fand, kam jetzt auch noch die Bestrafung. Inzwischen war der Vater auch hinzugekommen. Auch er unfähig, seine kleine Tochter in den Arm zu nehmen und sich selbst aus dieser seltsamen Erstarrung zu befreien. Der Widerstreit zwischen der spontanen Regung, wie sie für die Schwester der Vermißten selbstverständlich war, und einer übernommenen Vorstellung, wie man sich als Erwachsener zu verhalten hat, bewirkte bei den Eltern eine völlige Blockade.

Da fast jedes Kind sich einmal irgendwo verspielt, vertrödelt, die Eltern aus den Augen verliert und dann voller Schrecken in die falsche Richtung läuft, ruft, in Angst und Einsamkeit sucht, kann sich auch jeder den weiteren Verlauf dieses sonnigen Nachmittags für die Familie vorstellen. Die beiden Mädchen, die es leicht hatten, die Angst im Laufen und Rufen auszuleben, sind jetzt in gedrückter Stimmung, weil die Eltern böse sind. Das kleine Mädchen hat Schuldgefühle. Weshalb? Weil es einen Moment im Vertrauen auf seine Eltern sich irgendeinem faszinierenden Anblick oder einem spontanen Spiel überlassen hat? Die Eltern stehen noch immer unter ungeheurem Druck, weil sie die Spannung nicht loslassen können. Sie werden dem kleinen Mädchen erklären, daß sie sich schreckliche Sorgen gemacht haben, und das kleine Mädchen wird nur die Zurechtweisung hören und nicht die verzweifelte Liebe der Mutter sehen, die ich in ihren Augen gesehen habe.

Der Nachmittag hätte auch anders verlaufen können, wenn die Eltern ihr eigenes inneres Kind nicht so brutal unterdrückt hätten. Wenn im Park die größere Schwester nicht alleine auf das kleine Mädchen zugelaufen wäre, sondern die Eltern mit ihr. Ebenfalls rufend, jubelnd, lachend und weinend. Dann hätte man später aufgeregt, aber glücklich bei einem Eis zusammengesessen, hätte sich gegenseitig von seinen Ängsten, von der verzweifelten Suche und der Freude des Wiedersehens erzählt, wohlig entspannt nach all der Angst.

Diese Geschichte berichtet von einem Krieg, einem inneren Krieg, der in fast jedem Menschen tobt, und wie jeder andere Krieg eine sinnlose Verschwendung von Leben und Energie ist. Wenn ich die Mechanismen beschreibe, hört es sich sogar an wie ein Kriegsbericht: Der erwachsene Teil unterdrückt dank seiner überlegenen Macht und größeren Stärke das Kind in sich. Da aber Unterdrückung schon immer die verborgenen Widerstände im Untergrund mobilisierte, rebelliert das Kind und nutzt jede Chance zum Aufstand. Und wenn die Gegner sich nicht irgendwann auf ein friedliches Miteinander einlassen, was für beide unglaubliche Vorteile hätte, da der eine hat, was dem anderen fehlt, dann bekriegen sie sich noch heute.

Bei innerer Akzeptanz und gegenseitiger freundlicher Fürsorge könnte eine sehr fruchtbare Zusammenarbeit entstehen, denn der eine hat die »natürlichen Rohstoffe« und der andere das »technische Know-how«, sie zu nutzen.

Um Zugang zu dem inneren Kind zu finden, zu dem Potential an Spontaneität und Kraft, müssen wir uns diesem Kind nähern; wir müssen lernen, es zu verstehen und anzunehmen, seine verborgenen Qualitäten wieder zu erwecken und zu befreien. Dann kann dieser sinnlose innere Kampf endlich beendet werden.

10

Der zweite Besuch bei dem inneren Kind

Indem Sie den inneren Bildern folgen, die ein älteres »Wissen« haben als der Kopf, erschließen sich neue Welten. Sorgen Sie dafür, daß Sie ungestört sind. Legen Sie eine weiche Decke oder dünne Matratze auf den Fußboden. Flach auf dem Rücken liegend, mit geschlossenen Augen tief und ruhig atmen. Beobachten Sie, wie Ihr Rücken auf der Unterlage liegt, wenn die Muskeln entspannt sind. Liegen die Schultern und der obere Rücken gut auf dem Boden auf? Prüfen Sie mit der Hand, wieviel Hohlraum im unteren Rückenbereich zwischen dem Kreuz und der Unterlage ist. Lassen Sie die Hand einige Atemzüge dort liegen, und während Sie mit leicht geöffnetem Mund ausatmen, stellen Sie sich vor, daß der untere Rücken tief in den Boden sinkt. Spüren Sie mit der Hand, ob sich etwas verändert, ob sich der Hohlraum im Kreuz verringert. Jetzt legen Sie die Hand wieder flach neben den Körper und richten die Aufmerksamkeit auf den gesamten Körper, wie er auf dem Boden liegt. Haben Sie das Gefühl, daß Ihr Körper gerade ausgerichtet ist, daß er symmetrisch ist? Bilden Kopf, Hals, Wirbelsäule und Beine eine Gerade oder gibt es irgendwo einen Knick, ein Ungleichgewicht? Sind beide Schultern gleich, drücken sich die Schulterblätter, das Gesäß und die Waden rechts und links auf die gleiche Weise in die Unterlage? Versuchen Sie Ihren Körper in eine stabile Harmonie zu bringen, atmen Sie ruhig und öffnen Sie sich allmählich für die innere Reise.

Fantasiereise zum Raum der Mitte und des Ursprungs

Sie gehen auf einem Weg, der einen Hügel hinaufführt. Wie sieht die Landschaft aus, wie ist der Weg beschaffen? Spüren Sie den Boden unter den Füßen, fühlt er sich hart, steinig oder weich und federnd an? Ist die Luft, die Ihre Haut berührt, warm und samtig oder frisch und kühl? Während Sie weiter dem Weg folgen, verändert sich die Landschaft, der Wind wird frischer, vereinzelte Felsbrocken tauchen rechts und links des Weges auf. Der Weg wird zu einem Pfad, steiniger, etwas unbequemer. Aber Sie schreiten weiter rasch aus. Etwas zieht Sie an, etwas, das Sie freudig erregt und zugleich beunruhigt. Gerade als der Weg auf einen runden Felsvorsprung führt, sehen Sie zu Ihren Füßen eine Öffnung, das Tor zu einer Höhle. Einige Treppenstufen führen hinab. Sie wissen, diese Höhle ist nur für Sie bestimmt. Vorsichtig klettern Sie in die Höhle hinein. Das Licht von oben zeigt den Weg. Die Höhle ist nicht groß, ein flaches Gewölbe. Im hinteren Bereich der Höhle, zwischen zwei Felszapfen erkennen Sie eine Tafel, auf der steht: »Dies ist der Vorhof der Stimme«. In einer Nische entdecken Sie auf einem kleinen steinernen Tisch einen Gegenstand, ein Geschenk, das dazu bestimmt ist, daß Sie es mit sich nehmen. Sie nehmen den Gegenstand in die Hände und betrachten ihn mit Staunen. Es ist ...

Sie nehmen den Gegenstand an sich und wenden sich wieder den beiden Felszapfen zu. Hinter den Felszapfen öffnet sich ein schmaler Gang, der in ein geheimnisvolles blau-türkises Licht getaucht ist. Sie betreten diesen Gang, das blau-türkise Licht umfängt Sie. Der Gang ist an manchen Stellen so eng, daß Sie Mühe haben, zwischen den gleißenden Wänden weiterzukommen, aber das klare kühle Licht beruhigt Sie, und ein vibrierender Klang macht Mut weiterzugehen. Plötzlich öffnet sich vor Ihnen eine große, weite Höhle, ganz in Grün und Rosa. Sie bleiben einen Moment stehen, sehen sich diese schöne und doch seltsame Höhle an, spüren den Boden unter den Füßen, legen die Hände an die Höhlenwand und spüren, wie sie sich anfühlt. Sie schließen einen Moment die Augen und spüren, wie Sie in dieser großen lichten Höhle stehen, die voller Leben, voller rhythmischer Impulse ist. Und Sie fühlen auch in sich selbst diese Lebendigkeit. Sie öffnen die Augen wieder und schauen sich um. Es gibt eine Menge zu sehen ...

Nachdem Sie sich an all diesen wundersamen Dingen sattgesehen haben, entdecken Sie in einer Nische wieder ein Schild. Darauf steht: »Halle des Herzens«. Und darunter, ebenfalls auf einer Art Tisch oder Podest, liegt ein Gegenstand, der dazu bestimmt ist, daß Sie ihn mit sich nehmen. Es ist …

Bei Ihrem Streifzug durch die Halle des Herzens entdecken Sie. daß am anderen Ende der Halle die Farben kräftiger werden, feuriger. Sie durchschreiten die Halle und sehen, daß sich eine weitere große Halle anschließt. Sie leuchtet orange. Staunend bleiben Sie stehen und schauen sich die Wunder dieser Halle an. Sie sehen …

In einer Nische auf einer Tafel steht geschrieben: »Dies ist die Halle der Mitte und des Ursprungs«. Und wie schon in den vorherigen Höhlenräumen, entdecken Sie einen Gegenstand, der für Sie bestimmt ist. Es ist …

Sie nehmen diesen wunderbaren Gegenstand an sich und versuchen weiter, die Geheimnisse der Höhle zu erforschen. Dabei erregt ein Bereich der Halle, der sich bisher Ihren Augen entzogen hat, Ihr besonderes Interesse. Auf seltsame Weise fühlen Sie sich dort hingezogen. Als Sie nähertreten, erblicken Sie eine Art großer Kugel. Sie ist so groß, daß Ihre Arme die Kugel nur zur Hälfte umfassen können. Sie berühren mit beiden Händen die Kugel. Sie fühlt sich an wie …

Das Material, aus dem sie besteht, ist …

Sie sind neugierig, was sich in der Kugel verbirgt, denn Sie sehen durch einen schmalen Schlitz Licht scheinen. Sie möchten die Kugel gerne öffnen und versuchen …

Es ist wichtig, daß Sie Ihren eigenen Weg finden, diese Kugel zu öffnen. Vielleicht wird sie sich ganz von selbst öffnen, vielleicht genügt ihr intensiver Wunsch oder ein leises Wort. Sie besitzen den Schlüssel, das »Sesam öffne dich« für diese wunderbare Kugel. Möglicherweise können Sie alleine durch das Auflegen Ihrer Hände magische Kräfte entwickeln.

Die Kugel öffnet sich vor Ihren Augen und das erste, was Sie sehen, ist ein Kind. Es ist etwa … Monate/Jahre alt. Seine Haltung drückt … aus. Sie sehen sich in die Augen und spüren diese eigenartige Mischung aus Vertrautheit und Fremdheit. Die Augen des Kindes sagen …

Eine Menge Gefühle steigen in Ihnen auf. Sie breiten die drei Geschenke vor diesem Kind aus, und allmählich verstehen Sie, was diese drei Geschenke zu bedeuten haben. Das erste Geschenk bedeutet ...

Das zweite Geschenk bedeutet ...

Das dritte Geschenk bedeutet ...

Sie sehen auch in der Haltung und in den Augen des Kindes, daß es begreift. Sie fühlen, wie in Ihnen ein tiefes Glück aufsteigt. Sie und dieses Kind gehören zusammen. Langsam strecken Sie die Arme nach dem Kind aus und bitten es: „Komm mit mir!"

Was in diesem besonderen Moment zwischen Ihnen und dem Kind, Ihrem inneren Kind, geschieht, ist zu persönlich, als daß es in ein Schema passen könnte. Warten Sie, bis das Kind und Sie selbst bereit sind, die Höhle des orangefarbenen Lichtes gemeinsam zu verlassen und an das Tageslicht zurückzukehren. Ob Sie das Kind an der Hand führen oder auf dem Arm haben, ob Sie fröhlich und neugierig dem Ausgang entgegengehen oder andächtig und vorsichtig, wissen nur Sie.

Nehmen Sie sich so viel Zeit füreinander, wie Sie möchten, bis Sie das Gefühl haben, daß Sie zufrieden dorthin zurückkehren können, wo Sie auf dem Rücken liegend Ihre Traumreise begannen.

Als Gedächtnisstütze hier noch einmal eine Kurzfassung: Die Räume der Höhle entsprechen Ihrem eigenen Körper. Der Mund als »Vorraum der Stimme«, der blau-türkise Gang als Kehle, dann kommt der grün-rosafarbene Raum des Herzens und endlich der Becken-Bauch-Bereich als orangefarbener Raum der Mitte und des Ursprungs. In jedem Raum finden Sie ein Geschenk, das Sie mitnehmen und bei der Begegnung Ihrem inneren Kind in der Kugel übergeben. Danach treten Sie gemeinsam ans Tageslicht.

Nehmen Sie sich für die vorbereitende Entspannungsübung etwa drei bis fünf Minuten Zeit, für die Fantasiereise selbst, solange Sie brauchen. Leise meditative Hintergrundmusik erleichtert Ihnen, sich auf die ungewohnten Wege einzulassen.

Wenn Sie die Übung gemeinsam mit Freunden oder in einer

Gruppe machen, suchen Sie sich einen Begleiter für Ihre Fantasiereise. Der Begleiter setzt sich möglichst bequem und entspannt neben Sie, ohne Sie zu berühren und ohne zu stark in Ihre Reise einzugreifen. Sie beschreiben Ihrem Begleiter, was Sie sehen, was Sie fühlen, ohne den Kontakt zu den eigenen Bildern zu verlieren. Eine kurze Zwischenfrage des Begleiters: „Wo bist du gerade? Was siehst du, was fühlst du?“ – kann die Intensität der inneren Bilder verstärken. Sie können nach der Übung das Erlebte mit diesem Begleiter besprechen. Das ist sehr hilfreich, um Verbindungen zur Realität, zu Ihrem täglichen Leben und Verhalten zu stärken. Nachdem Ihre Übung beendet ist, werden Sie zum Begleiter bei der Fantasiereise Ihres Partners.

11

Das Absurde des »Daheim-Gefühls«

Jeder, der daran arbeitet, alte Fesseln loszuwerden und die schlummernden Möglichkeiten in sich selbst wachzurufen, wird das Gefühl kennenlernen, als ob er gegen eine Mauer rennt, als ob ihn unsichtbare Fäden immer wieder in die gleiche Richtung ziehen. Man sollte annehmen, daß man leichten Herzens von Verhaltensmustern Abschied nimmt, die in die gleiche wohlbekannte Sackgasse führen. Das Gegenteil ist der Fall, denn diese alten Verhaltensmuster bedeuten Sicherheit, man fühlt sich in diesen vertrauten Fesseln daheim.

Ein Sicherheitsnetz aus Angst

Karin hat Angst. Ihr ganzes Leben wird bestimmt von Angst. Sie hat Angst vor Enge, deshalb steigt sie in keinen Bus, in keine Bahn. Sie fürchtet sich, ihre Heimatstadt auch nur für einen halben Tag zu verlassen. Das hat zu tun mit einer Art Sicherheitssystem, das sie sich aufgebaut zu haben glaubt, obwohl sie nicht ganz sicher ist, ob es überhaupt funktioniert. Es besteht aus Telefonnummern von Freunden, die sie bei auftretender Panik anrufen kann, und es besteht aus der Geborgenheit ihrer Wohnung, in die sie sich jederzeit zurückziehen kann. Deshalb bewegt sie sich nur in einem ganz engen Radius.

Wir arbeiten mit der Angst. Ich bitte sie, sich die Angst anzusehen, welche Farbe die Angst hat, wie groß sie ist, welche Konsistenz sie hat. Sie soll sich ein möglichst plastisches Bild ihrer Angst machen.

K.: Es geht nicht, ich bin die Angst. Ich bin auch für andere Leute die Angst. Sie sehen mich und sagen, dort ist die Angst. Für mich ist in allem die Angst. Und wenn sie weniger wird, wird die Welt langweilig. Wenn ich ins Museum gehen will und die Angst ist da, dann geht es darum, schaffe ich es heute oder schaffe ich es nicht. Dann ist das alleine so aufregend, daß ein Museumsbesuch eine erregende Sache ist. Doch seit meine Angst weniger geworden ist, werden viele Dinge langweilig.

U.: Die Erregung der Angst fehlt?

K.: Die Welt wird langweilig. Aber jetzt, wenn Liebe . . . oder . . . Ich weiß nicht, wie ich es nennen soll, ich bin verliebt, oder Sexualität . . .

U.: Einigen wir uns auf den Begriff Liebe.

K.: Ja, da ist die Angst wieder voll da, sie packt mich im Nacken und schüttelt mich. Und dann ist es wieder so, ich bin nur noch Angst.

U.: Möchtest du noch einmal versuchen zu sehen, wie die Angst aussieht?

K.: Dunkel! (Pause) Eine Höhle. (Pause) Es fühlt sich sicher an.

U.: Sicher? Heißt das geborgen sein, sich daheim fühlen?

K.: Ja, hier bin ich daheim.

U.: Bist du in der Höhle?

K.: Ja. (Pause) Ich will auch nicht nach draußen sehen. Draußen ist die Welt. Die besteht aus gleißendem Licht, deshalb schaue ich immer nur in Fugen und Ritzen. Da sehe ich dann Moose und Gras und winzige Blumen. Das suche ich immer in Mauerspalten, zwischen Steinen. Die Fugen und Ritzen und alles, was da wächst.

U.: Jetzt stelle dir die Gestalt der Liebe vor. Wie sieht die Liebe aus?

K.: (Sehr lebhaft.) Sie ist jung mit fließenden Gewändern, schwebend, mit weichen Gesten. Mein Kopf sagt, daß die Liebe so alt wie ich sein sollte, weil zur Liebe auch Lebenserfahrung gehört und Reife. Aber ich sehe sie jung. Gut, sie ist eine junge Frau, jünger als ich, aber schon mit Erfahrung. Sie hat schon gelebt. Sie ist offen, sie ist für andere offen, aber sie läßt die anderen auch Schritte tun, sie ist einfach da. Manchmal macht sie auch so (sie zieht die Knie an, legt die Stirn auf die Knie und umschließt mit den Armen den Kopf und die Knie). Und dann öffnen sich ihre Gesten wieder.

U.: Frag die Liebe, was sie mit der Angst macht.

K.: Sie zuckt die Schulter. Sie wird mir keine Antwort geben.

U.: Sag ihr, wie wichtig es dir ist, daß du eine Antwort brauchst. Laß nicht locker.

K.: Sie sagt, sie hat sie eben. (Pause) Sie hat die Angst, nichts weiter, sie kämpft nicht dagegen, sie nimmt sie als etwas ...

U.: Etwas, das dazugehört?

K.: Ja.

U.: Ich möchte, daß du dir vorstellst, ein Raum zu sein. Ein Raum, in dem alles ist, was zu dir gehört.

K.: Ich kann es mir nicht vorstellen. Die Angst fordert so viel Raum. Wie ein schwarzer, klebriger Pudding. Ich finde meinen Raum nicht.

U.: Möchtest du einmal versuchen, wie es ist, wenn du aufhörst, gegen die Angst zu kämpfen? Sag einfach, sie ist da. Ich habe sie eben. Stelle dir dich als Raum vor und laß die Angst so viel Platz einnehmen, wie sie will.

K.: Ja, sie hat fast den ganzen Raum. Sie füllt alles aus. Schwarzer Pudding. Es gibt nur einen schmalen grünen Ritz mit Moos und Gras. Sonst nichts.

U.: Wo ist die Liebe?

K.: (Sie schaut mich verblüfft an, lächelt unsicher.) Meinst du, die ist in der Angst?

U.: Ich weiß es nicht.

K.: (Nach einer Weile.) Ja, sie ist in der Angst. Verwoben. Das ist sehr schön. Ich brauche die Angst auch noch und ich will auch die Liebe.

Karin war als Kind sehr viel allein, Ihre Mutter konnte oder wollte sich nicht um sie kümmern, sie kam zu Tanten, Großeltern, zum Teil lebte sie auch vorübergehend in einem Kinderheim. Der einzige vertraute Begleiter, der immer bei ihr war, sie nie »allein« ließ, war die Angst. Das macht verständlich, weshalb sie diese Angst nur ganz schwer loslassen kann. Lieber die Angst spüren als die Einsamkeit.

Vor einigen Tagen sah ich einen Bericht im Fernsehen über jugendliche Gewalttäter in einer Jugendstrafanstalt. Ohne Ausnahme waren sie alle hinter Gittern gelandet, weil sie andere Menschen krankenhausreif oder zu lebenslänglichen Krüppeln geschlagen haben. Sie wurden im Rahmen der Jugendstrafe unter psychologischer Betreuung einem sehr harten Anti-Gewalttraining unterworfen, an dem sich auch »Ehemalige« als Trainer beteiligten. Es stellte sich heraus, daß die jungen Männer über kein anderes Mittel als Gewalt verfügen, um sich gegen »Anmache« durchzusetzen, ihre Rechte zu verteidigen oder mit Enttäuschung und Trauer umzugehen. Sie waren im wahrsten Sinne des Wortes in Streßsituationen »sprachlos«.

Das Erschütternde an der Sendung war für mich die Feststellung, daß alle diese Jugendlichen als Kinder selbst Opfer von Gewalt in der Familie waren. Entweder wurden sie selbst geschlagen oder sie mußten zusehen, wie der Vater die Mutter verprügelte – meistens beides. Erst als sie alt genug waren, sich dem Vater entgegenzustellen, hörte der Terror auf, unter dem sie von klein auf gelitten hatten. Man sollte meinen, daß ein Kind mit dieser Erfahrung sich später nicht in gleicher Weise Schwächeren gegenüber verhält. Doch genau das lebten diese Jugendlichen. Die gewalttätige Aktion und Reaktion ist ihre Sicherheit im Leben – ihr »Daheim-Gefühl«, so negativ es auch sein mag. Alles ist in Ordnung, solange man schneller und fester zuschlagen kann. Ihre große Sehnsucht nach Nähe und Geborgenheit leben sie meistens in der Clique gemeinsam mit anderen, zur Gewalt neigenden Jugendlichen.

Das Schwierigste während des Anti-Gewalttrainings ist das Festhalten an dieser einzigen Sicherheit. Die Betroffenen wissen alle, daß die nächste Gewalttat, wenn sie wieder draußen sind, unwiderruflich in den Erwachsenenvollzug führt. Damit ist die Richtung, die ihr Leben nehmen wird, ziemlich genau vorausbestimmt, wenn sie nicht andere Möglichkeiten finden, mit Konflikten umzugehen. Trotzdem schien es ihnen zum Teil unmöglich, auf Streßsituationen im Training, die von der aggressiven Anmache der Trainer provoziert wurden, überhaupt zu reagieren. Sie standen allein einer ganzen Gruppe Trainer gegenüber, also war körperliche Gewalt sinnlos. Doch es dauerte Wochen und

Monate, bis sie die ersten Worte fanden. Es war ungeheuer schwer für sie zu sagen: Hör auf! Laß mich in Ruhe! Ich will nicht!

Das »Daheim-Gefühl« entsteht häufig aus einer kindlichen »Überlebensstrategie«. Das Kind versucht unter allen Umständen, die eigene Persönlichkeit zu entwickeln und zu bewahren, auch wenn die Haltung der Eltern oder die äußeren Umstände dies fast unmöglich machen.

Leistungsforderung und Verweigerung

Ein typisches Beispiel ist das lebenslange Spiel von Forderung und Verweigerung, ein in unserer Leistungsgesellschaft sehr verbreitetes Symptom. Es äußert sich in einem endlosen Wechsel zwischen der persönlichen Forderung nach Leistung, möglichst nach außerordentlicher Leistung und der Verweigerung dieser Leistung. Am eindrucksvollsten wird ein solcher innerer Kampf bei Menschen, die sich selbst die Arbeitszeit einteilen können: bei Studenten während der Examensarbeit, bei Hausfrauen und Freiberuflern. Da wird das weiße Blatt in der Schreibmaschine oder der Wäschestapel, der zu bügeln ist, zu einem Monster, das einen bis in die Träume verfolgt, ständig unter dem Druck des schlechten Gewissens leiden läßt und trotzdem nicht einfach in Angriff genommen werden kann.

Hier wird eine alte Geschichte von Forderungen der Eltern und dem Widerstand des Kindes wiederholt. Wie fast immer beim inneren Krieg wird beim Erwachsenen sowohl die Rolle des Kindes als auch die der Eltern internalisiert. Da sagt die eine Seite: „Du mußt aber jetzt! Mach dies, mach jenes. Gib dir gefälligst mehr Mühe.“ Und die andere Seite trödelt, träumt, spielt Bleistiftanspitzen oder Blumen gießen und verweigert sich wie ein Kind, das seine Schularbeiten machen soll.

Die meisten Kinder werden einem ständigen Leistungsdruck von Eltern, Lehrern und Verwandten ausgesetzt. Um sich den eigenen Freiraum zu erhalten, eigene Interessen entdecken zu können und die eigene Persönlichkeit zu entfalten, wurde die Form der Verweigerung als Widerstand entwickelt. Die natürliche

Lust an der eigenen Leistung wird in ein beständiges Frustverhalten verwandelt. Trotzdem ist dieses Verhalten vertraut, es gibt Sicherheit, man fühlt sich in diesem Konflikt »daheim«.

Ein Kind kommt sehr unvollkommen zur Welt. Wenn man seinen Entwicklungsstand mit dem von Säugetieren vergleicht, ist der Mensch eine extreme Frühgeburt. Aus einer völligen Geborgenheit und Versorgung in gleichbleibender Wärme kommt das Kind durch die Geburt plötzlich in eine Situation, die äußerst unvollkommen, ja geradezu mangelhaft ist. Nichts ist mehr selbstverständlich, weder Wärme noch Nahrung, auch dieses wunderbar beruhigende klopfende Herz ist nicht mehr zu hören, und die wiegenden Bewegungen haben aufgehört. Es ist ein Schock. Doch da gibt es einen Lichtblick. Etwas, was zwar nicht immer da ist, aber doch ab und zu all das gibt, wonach der kleine Erdenmensch so sehr verlangt: Wärme, Nahrung, Berührung, das Herzklopfen und die Stimme. Die Mutter ist der Urheber all dieser Lust. Und wenn sie nicht da ist, ist es manchmal ja auch in Ordnung, wenn man gerade satt und warm in seinem Bettchen schläft. Aber dazwischen gibt es Unlust und Langeweile. Mit der Zeit lernt der kleine Erdenmensch die Pausen lustvoller auszufüllen, Berührung, Bewegung selbst herbeizuführen. Trotzdem bleibt ein Kind über eine lange Zeitspanne völlig vom Erwachsenen abhängig. Es hat wenig Mittel, seine Bedürfnisse auszudrükken. Es ist auf die Interpretation seiner Äußerungen angewiesen. Doch mit Interpretationen ist das so eine Sache. Angenommen, ein Kind schreit nach Nahrung und es bekommt die Brust, ist alles in Ordnung. Wenn es aber aus Langeweile schreit und es bekommt die Brust, ist das auch schön, besser als gar nichts. Schließlich vertreibt das auch die Langeweile. Und wenn das Baby gerade schlecht gelaunt ist und weint, weil der Bauch drückt oder weil es zu kalt oder zu warm ist und es bekommt die Brust oder die Flasche, ist das ebenfalls ein wenig tröstlich und lenkt ab. So, wie später ein Keks, ein Apfel oder ein Stückchen Wurst beim Metzger tröstlich bei schlechten Gefühlen ist und gegen Langeweile hilft. So entsteht eine Struktur, eine Charakterstruktur. Wenn dieses Kind älter wird und in die Schule geht, vermittelt ihm dieses tröstliche Stück Wurst, Schokolade oder Brot das »Daheim-Gefühl«, immer wenn es sich langweilt oder frustriert ist. Und es hat viel Grund, sich zu langweilen und sich frustriert zu fühlen, denn es ist ein dickes Kind geworden und die anderen Kinder hänseln es. Es kann bei vielen Dingen, beim Sport oder beim Spielen nicht so gut mithalten, weil es eben dick ist. Zum Glück hat es aber immer dieses tröstliche Gefühl dabei, eingepackt in Butterbrotpapier oder in silbernem Schokoladenpapier.

Dies sind leicht nachvollziehbare Beispiele, wie Strukturen entstehen. Bei anderen Charakterstrukturen geht es um ganz feine, kaum wahrnehmbare, aber beständige Rituale zwischen Eltern und Kindern, die ein Kind formen und manchmal im späteren Leben zu einem gravierenden Problem werden.

Charakterstrukturen sind Lebensformen

Bei dem Beispiel mit dem dicken Kind wurde schon deutlich, daß eine Lebensstruktur, hier also die Betäubung von Langeweile und Frustration durch Essen, den Körper formt. Doch in Wirklichkeit geht diese Formung sehr viel weiter als die vordergründigen Fettpolster und die schwache Muskulatur wegen Bewegungsarmut. Dieses Kind hat auch nicht gelernt, Frustrationsgefühle in Zorn oder Ärger zu äußern. Seine Fähigkeit, aus der Langeweile heraus ein spannendes Spiel zu entwickeln, Unternehmungen zu starten, Abenteuer zu suchen, ist wenig ausgeprägt, da es der Langeweile meistens nur mit Essen begegnet. Dieses Minus bewirkt, daß es sich weniger zutraut, daß es abhängig und ängstlich bleibt, weil es genau weiß, daß es sich nur schlecht verteidigen kann. Eine solche Haltung drückt sich möglicherweise in X-Beinen aus. Vor lauter Ängstlichkeit werden Oberschenkel und Knie zusammengedrückt. So verliert man auch noch den festen, sicheren Halt auf der Erde. Oft zeigt es sich auch durch eingezogenen Kopf oder zusammengezogene Schultern. Natürlich kann das dicke Kind auch eine bedrohliche Haltung einnehmen, damit niemand wagt, ihm zu nahe zu kommen. Es macht also die Schultern besonders breit und bläht den Brustkorb auf. Das tut zwar auf die

Dauer im Nacken weh, aber es hält Angreifer auf sichere Distanz.

Die unterschiedlichen Schulterhaltungen, die ich in diesem Beispiel aufgeführt habe, zeigen schon, daß es innerhalb einer Struktur noch viele Variablen gibt, je nachdem, welche anderen Einflüsse hinzukommen.

Die Charakterstruktur formt die Stimme, den Ausdruck der Augen, die Energieladung der Hände, den Kontakt der Füße mit der Erde (meistens gleichbedeutend mit dem Realitätskontakt). Sogar die Körperproportionen und das Wachstum sind davon abhängig. Deshalb wird auch jede Veränderung einer starren Struktur eine deutliche körperliche Veränderung bringen. Die Veränderung einer körperlichen Struktur wiederum wird eine psychische Veränderung mit sich bringen. Wenn ich es schaffe, die chronische Verspannung in den Schultern wirklich loszuwerden (man kann auch gegen den Schmerz unempfindlich werden, was allerdings eine Manifestierung der Spannung ist), dann bin ich auch in meiner Seele etwas losgeworden, das mir immer weh getan und mich unter Druck gesetzt hat.

12

Das Kind im anderen entdecken

Sobald Sie für die Sprache des Körpers und für seelische Zusammenhänge empfänglicher werden und es Ihnen immer öfter gelingt, Ihr inneres Kind aus seinem Gefängnis zu befreien, ihm mit Verständnis zu begegnen, werden Sie auch merken, wie sich allmählich Ihr Verhältnis zu den Menschen Ihrer Umgebung verändert. Wenn Sie beginnen, sich selbst so zu akzeptieren und zu lieben, wie Sie sind, ist das auch der Beginn für größere Akzeptanz und Sympathie für andere Menschen.

Arthur Miller läßt im *Tod eines Handlungsreisenden* den Sohn, der für den Vater den »Amerikanischen Traum« von Erfolg, Geld und Anerkennung verwirklichen soll, verbittert am Ende sagen: „Ich bin, was ich bin, und das ist alles!" Dieser Satz steht für mich am Anfang jeder Liebe. Am Anfang der Liebe zu sich selbst, aber auch am Anfang der Liebe zu einem anderen Menschen. Liebe folgt (manchmal) dem Zustand der Verliebtheit. Verliebt sein heißt oft nicht viel mehr, als daß ich eine ideale Projektionsfläche für meine Wünsche und Sehnsüchte gefunden habe. Solange ich meine Wünsche auf eine andere Person projiziere, kann ich nicht sehen, wie sie ist. Erst nach der Desillusionierung kann Liebe entstehen. Erst jetzt ist es möglich, den anderen wirklich zu sehen, wirklich anzunehmen. Das ist auch die Voraussetzung, mit anderen Menschen besser umgehen zu können – es muß ja nicht immer Liebe daraus werden. Doch auf irgendeine Art steckt auch Liebe dahinter, wenn ich außer der unangenehm rechthaberischen Haltung des Kollegen noch wahrnehme, wie starr und unbeweglich sein Rücken ist, wie gerade er seine Schultern hält und wie angespannt seine Augen wirken. Dieser Mensch kann sich nicht beugen, sich nicht fallen lassen, keine Fehler eingestehen, weil er Angst hat, daß er daran unweigerlich zerbricht. Und dieser Mensch sitzt in einer fürchterlichen Falle. Denn man müßte ein Heiliger sein, wenn man nicht darauf lauern würde, ihm einen Fehler, den er gemacht hat, unter die Nase zu reiben. Ein wunderbarer Triumph, wir können unser Mütchen kühlen. Doch der Kollege wird noch größere Angst vor jeder Niederlage entwickeln, noch rechthaberischer und unangenehmer werden – das ist eine Schraube ohne Ende. Wenn wir die Angst hinter seinem Verhalten erkennen, passiert jedoch etwas anderes. Mit dem Sehen fängt auch ein Akzeptieren an. Eine winzige Weiche stellt sich unmerklich in eine andere Richtung. Wir haben nicht mehr so viel Spaß daran, unserem Kollegen die Fehler zu beweisen, und er kann eventuell beginnen zu erkennen, daß nicht jeder Fehler, den er gemacht hat, gleich ein Absturz ist. Natürlich ist es zu viel verlangt, für seine Mitmenschen auch noch den Therapeuten zu spielen, aber wenn Sie das Kind in sich selbst entdeckt haben, werden Sie auch offenere Augen für das Kind im anderen haben, und damit verändert sich vieles. Wenn man spürt, was hinter bestimmten Haltungen steht, erschließen sich neue Möglichkeiten, Nähe und Vertrauen zu anderen Menschen herzustellen, Beziehungen zu intensivieren. Das bedeutet aber auch, daß Sie sich Ihrer eigenen Gefühle und Grenzen bewußter werden. Nicht endlose Toleranz ist angesagt, sondern ein offenes, lebendiges Miteinander. Dazu gehören auch die sogenannten negativen Gefühle. Sie werden vermutlich leichter zornig werden, wenn Sie oder Ihre Grenzen verletzt wurden – Gefühle nicht mehr so leicht »unter den Teppich kehren« können.

Alice Miller sagt in ihrem Buch *Das Drama des begabten Kindes:* „Es sind nicht nur die 'schönen', 'guten', die gefälligen Gefühle, die uns lebendig sein lassen, unser Dasein vertiefen und uns entscheidende Einsichten gewähren, sondern oft gerade die unbequemen, unangepaßten, die wir am liebsten fliehen möchten."*

* Alice Miller: *Das Drama des begabten Kindes.* Suhrkamp Verlag, Frankfurt am Main 1979

13

Lebendig werden lassen, was an Energie und Möglichkeiten in uns schlummert

Die sogenannten negativen Gefühle, denen wir uns jetzt zuwenden, sind die am häufigsten unterdrückten Gefühle. Und eine allgemeine Erfahrung zeigt, daß die Einschränkung von Gefühlen zum Erstarren von Gefühlen führt. Es ist, als ob sich diese Gefühle durch eine zähe Masse hindurchkämpfen müssen, um überhaupt wieder lebendig zu werden. Haben Sie nicht auch schon erlebt, daß Sie erst Stunden nach einem bestimmten Erlebnis wütend werden, weil sie unfair und ungerecht behandelt wurden? Erst wenn die Situation längst vorbei ist, steigt der Zorn in uns auf, fallen uns scharf formulierte Entgegnungen ein.

Das, was man nicht losgeworden ist, setzt sich jetzt irgendwo als kalte Wut ab. Die Konten sind nicht ausgeglichen. Je nach Charakterstruktur wird man mit Distanz und Rückzug reagieren, man läßt sein Gegenüber ein ganz kleines Stück »sterben«. Oder man versucht, in kleiner Münze das Konto auszugleichen. Kleine Spitzen machen viele kleine Verletzungen. Doch da man sich seinem Gegenüber in der Ausgangssituation nicht gezeigt hat, kennt es meistens den Grund für die vielen kleinen Verletzungen nicht und sorgt seinerseits wieder für einen »Ausgleich des Kontos«. Und schon ist man in einem klassischen kalten Krieg.

Schlimmere Folgen hat die Unfähigkeit, mit Aggressionen umzugehen, bei Menschen, die erst Alkohol oder ähnliche Mittel brauchen, damit sie die Kontrolle verlieren, um die explosive Ladung an kalter Wut völlig hemmungslos an ihrem Partner oder an ihren Kindern auszulassen.

Ist die Anpassung an sozial gewünschte und von den Eltern geforderte Verhaltensweisen noch weiter entwickelt, werden Impulse des Selbstausdrucks, der Selbstbestimmung überhaupt nicht mehr wahrgenommen. Gerade Frauen haben Probleme damit, ihre vitalen Interessen durchzusetzen. Das führt so weit, daß sie häufig nicht einmal merken, wenn sie ungerecht behandelt werden, wenn ihre Grenzen verletzt werden. Sie reagieren nur mit Verwirrung, Verunsicherung, im Höchstfalle mit einer beleidigten oder trotzigen Haltung. Es gibt in alten Erziehungsrichtlinien tatsächlich die Empfehlung, daß man Kindern den Willen brechen muß. Doch ein Mensch, der keinen eigenen Willen hat, hat – energetisch gesehen – ein gebrochenes Rückgrat. Ein erklärtes preußisches Erziehungsziel war, in übertragenem Sinne, das Rückgrat zu brechen. Und in manchen Köpfen von Leuten, die die »Erziehungsgewalt« haben, spukt dieser Gedanke noch immer herum. Menschen, denen man psychisch das Rückgrat gebrochen hat, werden gute Soldaten. Sie gehorchen der Autorität, dem Befehl und verlieren jeden Kontakt zu sich selbst und damit zur Menschlichkeit. Unterstützt wird dies auch noch durch die soldatische Haltung. Starrer Rücken, starrer Brustkorb, eingezogener Bauch, starres Becken, zusammengekniffenes Gesäß, das ist ein perfekt zugeschnittener Körperpanzer. Was früher der Harnisch als Schutz vor dem äußeren Feind war, das ist die soldatische Haltung als Schutz vor dem inneren Wehrkraftzersetzer, vor menschlichem Fühlen.

Der Rücken, das Rückgrat, leitet die »lebenserhaltenden« Impulse aus dem Beckenbereich, dem vitalen Zentrum des Menschen, nach oben. Wie bei unseren primitiven Vorfahren werden diese Impulse zu den Schultern und Armen geleitet, damit wir jeden Angriff abwehren können, zu Kiefer und Stimme, damit wir beißen und brüllen können. Und weil wir heute so weit davon entfernt sind, primitiv zu sein – es sei denn, in einem Boxstadion oder hinter verschlossenen Türen –, werden diese Impulse bereits den Kindern per Erziehung mit Strafe oder Liebesentzug abgewöhnt. Wut, Haß, Eifersucht, Trotz, Brüllen und Schlagen werden restlos unterdrückt, bis sie anscheinend nicht mehr vorhanden sind. Doch wie mit jedem anderen Instrument, mit jeder anderen Fähigkeit sollte ein Kind die Möglichkeit bekommen, auch mit aggressiven Impulsen umzugehen. Wenn es niemals ein Messer in die Hand bekommt, wird es nicht lernen, dieses Instrument als nützliches Gerät bei Tisch zu benutzen. Das Unterbinden jeglicher unbequemer, unangepaßten Reaktion hinterläßt Ohnmachtsgefühle, Niedergeschlagenheit, Verweigerung, Resignation. Der Rücken fühlt sich kraftlos an, die Arme wirken wie gefesselt. Oft klingt auch die Stimme gepreßt, die Kehle ist wie zusammengeschnürt. Durch diese Kehle kommt so leicht kein Brüllen mehr.

Ein so »eingeschnürter« Mensch findet kaum mehr Zugang zu seinen vitalen Bedürfnissen. Oft ist eine klagende Gefühlshaltung das einzige, was noch an Ausdruck möglich ist. Doch auch dort, wo die sogenannte soziale Anpassung weniger einschneidend war, wurden die »negativen« Gefühle doch in der Regel so weit unterdrückt, daß sie zum Fundament eines Gefühlspanzers wurden. Wenn ich Sie ermutigen will, zu diesen unbändigen Gefühlsäußerungen zurückzufinden, dann deshalb, weil es darum geht, alte Verkapselungen Schicht für Schicht abzutragen. Unter der obersten Schicht, der eigentlichen Panzerung auf muskulärer und psychischer Ebene, die durch erzwungene Anpassung entstanden ist, liegen fast immer die sogenannten negativen Gefühle: Wut, Haß, Enttäuschung, Trauer. Die folgenden Übungen sollen Ihnen helfen, Zugang zu diesen aggressiven Selbstäußerungen in einer geschützten Umgebung zu finden. Sie dürfen sich diesen Gefühlen quasi zur Probe annähern, damit Sie erkennen, daß die Welt nicht einstürzt, wenn Sie sich erlauben, Ihre Wut zu spüren und zu leben. Nur so können Sie auch diese Verkapselung wieder zum Leben erwecken und zu den Gefühlen durchdringen, die unter der Wut sitzen und deren Enttäuschung die Auslöser der Wut waren. Es geht darum, die ursprünglichsten, innersten Gefühle wiederzufinden, das, was ganz tief unter der Panzerung verborgen ist: Liebe, Urvertrauen, Sicherheit und das Wissen um die Einzigartigkeit der eigenen Person.

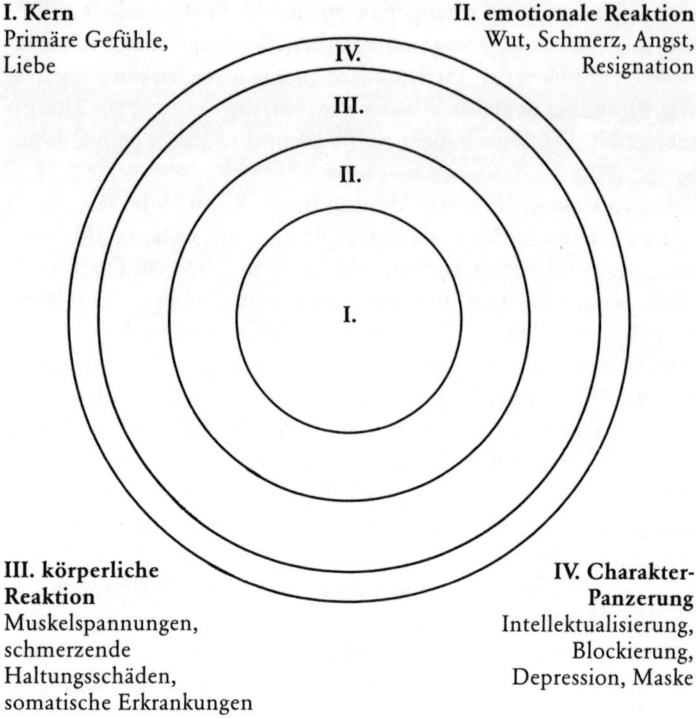

Gefühle, die wir als Kind nicht leben durften, sind nicht verschwunden, sie sind nur unter dem Panzer vergraben. Ungeweinte Tränen drücken noch immer auf unsere Stimme, schmerzen in der Brust und schränken die Atmung ein. Deshalb habe ich eine Reihe Übungen zusammengestellt, um diese »kraftvollen« Gefühle freizusetzen, um Verkrampfung, Verkapselung und Schmerz zu lösen. Bis auf die beiden ersten Übungen, die wie emotionale Lockerungsübungen wirken, gehen diese Übungen sehr tief und sollten nur in einem geschützten, beschützenden Rahmen ausgeführt werden.

Man braucht einen abgeschlossenen Raum, der nicht allzu »hellhörig« ist, damit man sich nicht durch äußere Bedingungen gehemmt fühlt. Am wirkungsvollsten sind die Übungen in einer Gruppe mit therapeutischer Begleitung. Man fühlt sich bei diesem Aufbrechen alter Gitterstäbe besser geschützt und geborgen. Außerdem unterstützt die Gruppe den Mut, die »glatte Fassade« zu lüften. Gemeinsam geht so etwas auf jeden Fall besser. Wenn alle um mich herum ihre Gefühle, ihre Stimme herauslassen, dann kann ich das auch einmal wagen. Die einfachen Übungen (wie Fratzen schneiden, Ein Tier sein) machen auch mit Kindern Spaß und wirken befreiend.

Fratzen schneiden

Wenn Sie die Übung alleine machen, setzen oder stellen Sie sich vor einen Spiegel. In der Gruppe oder in der Familie kann man sich im Kreis postieren, so daß man mit allen anderen fratzenschneidend Kontakt aufnehmen kann. Lassen Sie Ihre Gesichtszüge »entgleisen«, soviel es Ihnen Spaß macht. Nehmen Sie die Stimme zur Hilfe. Wenn das mit der Stimme noch nicht richtig klappt, versuchen Sie Mund und Kiefer zu lockern und dabei einen Ton zu machen. Sie werden sehen, das macht einen animalischen Spaß, und wenn Sie schon so weit sind, dann können Sie auch mal versuchen, wie es ist zu knurren, zu zischen, zu fauchen und zu quaken.

Ein Tier sein

Diese Übung funktioniert nur in der Gruppe oder Familie. Jeder stellt sich vor, ein Tier zu sein. Es muß nicht unbedingt das Lieblingstier sein, es darf schon ein richtig böses, wildes oder hinterhältiges Tier sein. Aber dieses wilde Tier hat natürlich auch seine netten, zärtlichen Anteile, das gehört immer zusammen. Also läßt man sich auf allen vieren nieder, geht in die Hocke oder kriecht über den Boden und nimmt als dieses Tier mit den anderen Tieren Kontakt auf. Das kann vom aggressiven Fauchen und Drohen bis zum zärtlichen Schulter- oder Kopfreiben und Schmusen gehen.

Schlagen

Diese Übung ist nicht leicht, da dem Schlagen so viele Hemmungen entgegenstehen. Doch die kalte Wut, die wie ein Brett zwischen den Schulterblättern eingeklemmt ist, muß wieder in die Arme und in die Stimme fließen können, um noch einmal in ihrer ganzen Kraft lebendig, um noch einmal gespürt zu werden. Natürlich ist eine so alte Wut, die wir immer verkapselt mit uns herumgeschleppt haben, nicht mit einer Übung zu befreien, aber jede dieser Übungen führt in Richtung einer Lösung. Wenn es Ihnen schwerfällt, sich auf die Übung einzulassen, machen Sie sie zuerst ganz mechanisch, auch das ist ein Weg, Gefühle aus ihrer Reserve zu locken. Knien Sie sich auf ein dünnes Kissen, die Zehen am Boden abgestützt, vor eine dicke Matratze oder ein Polster. Atmen Sie tief durch und denken Sie an eine Situation, die Ihnen Wut macht oder in der Sie sich hilflos fühlen. Stellen Sie sich vor, wie die Wut langsam in Ihnen hochsteigt und sich Raum nimmt. Dann schlagen Sie abwechselnd mit beiden Fäusten auf die Matratze. Falls Ihnen jetzt der Gedanke kommt: „Wie albern! Ich habe gar keine Wut! Das ist ermüdend, und mein Schultern tun weh!" dann ist das Widerstand. Machen Sie trotzdem weiter. Öffnen Sie den Mund leicht und lassen Sie Töne oder Worte mit den Schlägen heraus. Die emotionale Wirkung der Übung wird noch vertieft, wenn Sie dabei „Nein" oder „Ich will nicht!" rufen. Allmählich kommt mehr Kraft in Ihre Fäuste, in die Arme, in den Rücken. Die unterschiedlichsten Emotionen tauchen auf: Wut, Hilflosigkeit, Trauer. Schlagen Sie weiter. Vergessen Sie nicht zu atmen. Jetzt schlagen Sie mit beiden Armen und Fäusten gleichzeitig aus dem Rücken heraus auf die Matratze, überlassen Sie sich auch mit dem Atem und der Stimme diesem Rhythmus. Folgen Sie mit den Bewegungen, mit der Stimme ganz Ihren Gefühlen, brüllen Sie, heulen Sie, geben Sie Ihrer ganzen Wut und Trauer Raum. Machen Sie es für sich befriedigend. Nehmen Sie sich so viel Zeit, wie Sie brauchen. Danach legen Sie sich auf die Matratze und ruhen sich aus. Spüren Sie Ihre Kraft, die innere Wärme und das pulsierende Leben? Lassen Sie auch die weicheren Gefühle zu, die unter der blockierten und angestauten Wut liegen. Vielleicht kommen Tränen, vielleicht traurige und zärtliche Gefühle, nehmen Sie sich viel Zeit.

*Mit Lippen und Armen nach etwas verlangen**

Diese Übung läßt Sie das Verlangen des Kindes nach der Mutter nachempfinden. Sie kann durch den Gebrauch des Wortes »Mama« sehr emotional werden und starkes Verlangen wecken. Legen Sie sich auf den Boden, die Knie gebeugt, die Füße flach aufgestellt. Atmen Sie leicht in den Bauch.

Strecken Sie die Arme aus und verlangen Sie mit den Lippen. Lassen Sie den Kiefer hinten, entspannt und weich, verlangen Sie mit Ihren Lippen wie ein Baby die Brust. Ihr Mund sollte dabei offen sein. Sagen Sie dabei »Mama« und versuchen Sie, das volle Gefühl in Stimme und Arme zu legen.

Spüren Sie ein Zurückhalten des Gefühls?

War es Ihnen peinlich? Fühlten Sie sich dumm dabei, wie ein kleines Kind nach der Mutter zu verlangen? Vergessen Sie nicht, daß wir in unserem Herzen immer Kinder bleiben und wir alle Eltern haben, denen wir in unserem Herzen immer verbunden sind.

Brachte das Verlangen ein Gefühl der Traurigkeit? Wenn ja, können Sie weinen oder ist Ihre Kehle zugeschnürt?

Grundübung für Vibration und Kontakt mit dem Boden

Diese Übung bringt uns wieder auf die Beine. Sie verstärkt die Sicherheit, das Vertrauen in sich selbst. Durch das Dehnen der Gesäßmuskeln und der langen Oberschenkelmuskeln entsteht eine Vibration in den Beinen, die Spannungen und Starre löst und den Erregungsstrom durch die Beine in die Füße und den Boden leitet.

Stehen Sie mit etwa dreißig Zentimeter Fußabstand, die Zehen

* Alexander und Leslie Lowen: *Bioenergetik für jeden.* Peter Kirchheim Verlag, München 1979

ein wenig nach innen gerichtet, die Knie gebeugt. Neigen Sie den Oberkörper so weit nach vorne, bis die Fingerspitzen den Boden erreichen. Stützen Sie sich nicht mit den Fingern ab, das Körpergewicht ruht ganz auf den Füßen. Atmen Sie gleichmäßig mit leicht geöffnetem Mund und verlagern Sie das Gewicht auf die Fußballen, die Fersen ganz leicht angehoben. Richten Sie die Knie langsam auf, ohne sie durchzudrücken, bis eine leichte Spannung in den Oberschenkelmuskeln entsteht. Atmen Sie gleichmäßig weiter, damit sich die Vibration in den Beinen entwickeln kann. Wenn Sie den Atem anhalten, kann die Vibration nicht entstehen.

Spüren Sie ein Vibrieren in den Beinen? Wenn nicht, versuchen Sie, die Knie langsam ein wenig zu beugen und dann in die Ausgangsposition zu strecken. Machen Sie das mehrere Male, um die Muskeln zu lockern.

Sind es feine Vibrationen oder holperige, geschmeidige oder ruckartige? In einigen Fällen springen Leute buchstäblich vom Boden, weil sie die Erregung nicht mehr halten können. Erging es Ihnen ähnlich?

Die folgenden Übungen bauen auf der Schlagübung auf und sollten erst dann versucht werden, wenn Sie eine Weile mit der ersten Schlagübung gearbeitet haben, die aufsteigenden Gefühlen annehmen können und darin Sicherheit gewonnen haben. Auch im Anschluß an die folgenden Übungen empfehle ich, jeweils nach einer Entspannungspause, die »Grounding«-Übung nach Alexander Lowen.

Schlagen mit Armen und Beinen

Legen Sie sich auf eine Matratze oder ein nicht zu weiches Bett. Konzentrieren Sie sich eine Weile ganz auf den Atem und spüren Sie, wie Ihr Körper auf der Unterlage ruht. Jetzt schlagen Sie zugleich mit Armen und Beinen auf die Matratze. Lassen Sie den Atem fließen, öffnen Sie leicht den Mund und nehmen Sie die Stimme zu Hilfe. Finden Sie einen Rhythmus. Lassen Sie Ihre Gefühle in die Arme, in die Beine und in die Stimme kommen. Finden Sie Worte, die zu Ihren Gefühlen passen. Dies ist eine sehr starke Übung. Wenn Sie den Impuls haben, plötzlich abzubrechen, aber zugleich ein ärgerliches, unbefriedigendes Gefühl haben, versuchen Sie den Widerstand zu überwinden. Setzen Sie die Übung fort, bis der ganze Körper wohlig warm und entspannt ist.

Beckenschlagen

Nachdem in den vorhergehenden Übungen Gesicht, Stimme, Atmung, Arme und Beine dazu genutzt wurden, blockierte Energien wieder unserem »Energiehaushalt« zuzuführen, wird bei der letzten Übung die Energie im Beckenbereich reaktiviert. Beginnen Sie mit dieser Übung erst, nachdem Sie sich schon etwas sicherer fühlen. Wer es gewohnt war, seine Energien zu blockieren, muß erst lernen, mit einem gesteigerten Energievolumen umzugehen; sonst entsteht Angst, und das würde wieder zur Blockierung der Energie führen. Wenn Sie merken, daß Sie auch im Alltag automatisch tiefer atmen, mehr Elastizität entwickeln und sich frisch und lebendig fühlen, dann können Sie diese neue Übung beginnen. Diese Beckenübung setzt auch in starkem Maße sexuelle Energien frei. Das ist normal, Sie haben also keinen Grund, sich selbst zu beschränken.

Legen Sie sich mit dem Rücken auf die Matratze, die Beine angewinkelt. Atmen Sie eine Weile tief und ruhig, bis Sie das Gefühl haben, daß das Atmen nicht mehr Ihrem Willen unterworfen ist, sondern daß »es Sie atmet«. Der Atem selbst ist es, der in Sie eindringt, Bauch und Brust weitet und wieder geht, während sich Bauch und Brust entspannen. Beginnen Sie jetzt damit, das Gesäß beim Einatmen in die Matratze zu drücken, so daß der Atem in Bauch und Brust noch mehr Raum bekommt. Beim Ausatmen kippt das Becken nach oben. Sie spüren, wie sich der Atem noch weiter vertieft. Machen Sie auch diesen Teil der Übung, bis Sie in einen von Ihrem Willen unabhängigen Rhythmus fallen, bis die Bewegung ganz harmonisch und selbstverständlich wird. Durch den vertieften Atem merken Sie vielleicht, wie Ihre Hände anfangen zu kribbeln. Der ganze Körper ist energetisch so aufgeladen, daß Sie mit dieser Energie irgendwohin müssen.

Jetzt heben Sie beim Einatmen das Becken hoch und schlagen das Gesäß beim Ausatmen mehrmals auf die Matratze. Vergessen Sie den Atemrhythmus und überlassen Sie sich ganz diesem Bekkenschlagen auf die Matratze. Gehen Sie mit der gesammelten Energie in diese fast orgiastische Bewegung, lassen Sie die Stimme kommen, öffnen Sie den Mund. Erlauben Sie der Wut und der Lust, ganz von Ihnen Besitz zu ergreifen. Nicht stoppen, solange noch viel Energie und »kraftvolle« Gefühle da sind. Die Kraft in solch energetischem Zustand ist nahezu unerschöpflich. (Wenn Sie rasch Erschöpfung spüren, deutet das auf einen starken Widerstand. Auch das ist in Ordnung und hat seine Berechtigung. Vielleicht sollten Sie noch eine Weile bei den vorangegangenen Übungen bleiben.)

Erst allmählich werden Sie von den weicheren, zarteren Gefühlen durchdrungen, die Bewegungen werden sanfter und hören dann ganz auf. Nehmen Sie sich viel Zeit für die Fülle dieser Empfindungen.

Sich fallenlassen

Die Angst, sich fallenzulassen, entspricht der Angst, sich einzulassen, sich hinzugeben. Im englichen Sprachraum spricht man von »falling in love«. Wer Angst hat, sich in die Liebe fallen zu lassen, hat Angst, sich einer anderen Person hinzugeben. Diese Übung deckt tiefe innere Hemmungen auf, die zu Erstarrungen führen. Jeder Mensch sieht etwas anderes, wenn er in dem Moment des »Sich-Fallenlassens« auf die Decke blickt. Manche sehen tiefe Abgründe mit spitzen Felsen, in denen sie zerschmettert würden, andere fürchten zu ertrinken oder daß sie auf das Gesicht fallen (das Gesicht verlieren) werden. Mit dieser Fallübung können diese tiefen Ängste bewußt gemacht werden, und die sichere und weiche Landung auf der Decke kann Gefühle von großer Erleichterung, häufig ein erlösendes Weinen hervorrufen.

Legen Sie eine dicke, doppelt gefaltete Decke auf den Teppich und stellen Sie sich so davor, daß Sie auf der Decke landen, sobald Sie sich fallenlassen. Beugen Sie das rechte Bein soweit wie möglich, ohne die Ferse vom Boden zu heben. Das linke Bein wird nach hinten ausgestreckt. Es sollte nicht den Boden berühren. Der linke Arm ist nach vorne ausgestreckt, so daß die Hand ganz leicht die Decke berührt, die rechte Hand ruht leicht auf einem seitlich plazierten Stuhl. Das ganze Körpergewicht ruht auf dem rechten Fuß, die Hände werden nur dazu benutzt, Balance zu halten. Atmen Sie leicht und bleiben Sie in dieser Position, solange Sie können. Wenn Sie diese Haltung nicht mehr aushalten können, lassen Sie sich fallen.

Vor dem Fall sollte im rechten Bein eine deutliche Vibration entstehen. Falls die Vibration ausbleibt, versuchen Sie vor der Übung ein paar Kniebeugen, um die Beine etwas zu lockern. Die Angst beim Fallen ist unterschiedlich ausgeprägt. Manche Menschen haben das Gefühl, daß sie zerbrechen, wenn sie fallen. Für andere ist die größte Angst, auf das Gesicht zu fallen, was soviel bedeutet wie: Wenn ich mich einmal fallenlasse, werde ich »mein Gesicht verlieren«. Wiederholen Sie die Übung auch mit dem linken Bein.

Es ist ein Gefühl großer Geborgenheit, wenn man nach dem Fall auf dem Boden liegt und merkt, daß man nicht zerbrochen, nicht zerstört und nicht hilflos ist. Wer sich fallenlassen kann, gewinnt die Sicherheit, jederzeit wieder aufstehen zu können.

14

Die Mauer durchbrechen

Wenn wir als Kinder einen »Lebensvertrag« geschlossen haben, bestimmte Gefühle oder Wünsche nicht zuzulassen, um etwas anderes, existentiell Wichtiges nicht zu gefährden, dann hat dieser Kompromiß manchmal eine Dimension angenommen, die uns lähmt. Denn wer sich zum Beispiel verbietet, Zorn zu leben, wird eine allmähliche Reduzierung aller anderen Gefühle erfahren. Wenn ich sage, ich will nie mehr so unglücklich sein wie im letzten Sommer, als mich mein Freund/meine Freundin verlassen hat, werde ich mich auch nie mehr ganz auf Liebe einlassen können. Denn Liebe beinhaltet, daß man tief verletzt werden kann, weil man sich tief öffnet. Das heißt: Keine Verletzung mehr – keine Liebe mehr.

Marion ist eine kluge und vermutlich sehr gute Pädagogin. Sie kam zu mir, weil sie das Gefühl hatte, daß sie außerhalb ihres Berufes kaum existiert. Marion ist zurückhaltend, fast schüchtern und zeigt wenig von sich. Auf der anderen Seite ist sie immer freundlich, aufmerksam und verständnisvoll, so daß sie einen großen Bekanntenkreis hat, allerdings kaum wirklich enge Freunde. Sie spricht viel über ihre Mutter, eine liebevolle, impulsive Frau, die die Kinder alleine aufzog. Der Vater kam bei einem Verkehrsunfall ums Leben, als Marion elf Jahre alt war. Wenn ich Marion nach ihrem Vater frage, scheint sie sich kaum an ihn erinnern zu können, obwohl er offensichtlich keiner dieser ewig abwesenden Väter war. Das Fotoalbum sei voller Bilder mit dem Vater, der Mutter und den Kindern, von Reisen und Ausflügen. Ich bat sie, die Bilder mitzubringen. Bei unserem nächsten Treffen begann sie, anhand der Bilder über gemeinsame Unternehmungen mit dem Vater zu erzählen. Ich merkte, daß sie kaum mehr atmete, daß ihre Stimme immer flacher wurde, wie sie begann, fast bei jedem Satz zu schlucken. Als ich ihr sagte, daß ihre Mutter auf den Fotos wie ihre ältere Schwester aussähe, als ob ihr Vater nur Kinder um sich herum habe, brach alles, was sie mit immer größeren Mühen zurückgehalten hatte, in ihr auf.

In der Folge konnte sie dann den Zugang zu den traurigen Gefühlen von damals finden. Als der Vater so plötzlich ums Leben kam, fiel die Mutter in eine tiefe Verzweiflung, so daß Marion fürchtete, auch noch die über alles geliebte Mutter zu verlieren. Diese überließ sich ganz ihrem Schmerz – die gesunde Reaktion einer sehr gefühlvollen Frau –, und die Kinder versuchten sie mit aller Kraft zu stützen. Sie waren »tapfer«, zumindest weiß ich das von Marion. Sie unterdrückte ihre eigene Trauer um den Vater, denn für die gab es neben den überwältigenden Gefühlen ihrer Mutter keinen Raum mehr.

Marions Vater war der stabile Mittelpunkt der Familie. Auch Marions Mutter mußte keine Verantwortung übernehmen, sie durfte neben dem älteren Mann ein Kind bleiben. Erst mit dem Tod des Mannes begann für sie ein schmerzvoller Entwicklungsprozeß, um in die Rolle des Familienoberhauptes hineinzuwachsen. Die Kinder hielten während dieser Zeit buchstäblich die Luft an. Und wie Marion begriff, hatte sie dieses Zurückhalten der eigenen Trauer, und damit auch aller anderen Gefühle, ein Leben lang beibehalten. Erst als sie begann, diesen alten Schmerz, die Trauer und Verlorenheit dieser Zeit wieder zu erleben, konnte sie den Panzer, der ihre gesamte Person, alle ihre Emotionen umschlossen hatte, langsam lösen.

Die Suche nach der verlorenen Kindheit führt unweigerlich zu den Gefühlen auf der anderen Seite der Mauer: Gefühle, die für Sie als Kind zu gefährlich waren und deshalb unterdrückt werden mußten. Dieser Lebenskompromiß hatte zu einer bestimmten Zeit seine Berechtigung, wenn auch manchmal nur eine irrationale Berechtigung. Ein unvoreingenommener Beobachter würde wohl, im Falle von Marion, voraussetzen, daß die warmherzige Mutter eine andere Lösung hätte finden können, sobald sie den tiefen Schmerz der Kinder wahrgenommen hätte. Aber der unvoreingenommene Beobachter ist auch nicht in dieser abhängigen Situation, in der Kinder grundsätzlich sind.

Sobald man sich dieses Lebenskompromisses bewußt wird, kann man auch versuchen, ihn aufzulösen, die Mauer zu durchbrechen. Natürlich reißen ein paar Übungen nicht gleich sämtliche Mauern ein, die so lange ein unverrückbarer Teil des Lebenskompromisses waren, aber sie machen flexibler. Lassen Sie sich nicht von der Mauer beherrschen, beherrschen Sie die Mauer. Vielleicht ist sie ab und zu auch ganz nützlich. Denn immer offen sein, ist auch schon wieder eine starre Haltung. Nur wenn ich mich öffnen, aber auch verschließen kann, bin ich wirklich flexibel, wirklich offen. Ein Mensch, der nicht auf bestimmte Verhaltensmuster fixiert ist, ist flexibel. Auch wenn es vorkommt, daß er einmal fürchterlich »mauert«.

Wenn sich Blockaden und Spannungen auflösen, steigert sich die körperliche Elastizität. Die Energie beginnt freier zu fließen. Sie werden einen deutlichen Zustrom an warmer Lebendigkeit bemerken, je weiter Sie auf diesem Weg gehen und je mehr das Kind in Ihnen die Chance hat zu leben. Diese Befreiung der inneren Energie ist auch immer mit deutlichen körperlichen Veränderungen verbunden. Menschen, die sich auf diesen Prozeß einlassen, werden vitaler, wirken entspannter und damit jünger.

Das Kind, das ich nicht sein durfte, tritt in mein Leben

Bereiten Sie sich auf die folgende Fantasiereise so vor, wie ich es bei den vorhergehenden empfohlen habe. Eine Weile entspannen, leicht und ruhig atmen. Wenn noch Spannungen vorhanden sind, diese mit der Ausatmung gehen lassen. Betrachten Sie Ihren Kopf mit diesem Gedankenwirrwarr wie einen überfüllten Raum. Öffnen Sie in Ihrer Vorstellung zwei Türen an zwei sich gegenüberliegenden Seiten. Dann können sich die Gedanken entfernen. Es kommen zwar neue hinzu, die Ihnen »durch den Kopf gehen«; lassen Sie diese neuen Gedanken ebenfalls, ohne sie abzuwehren, ohne sie aufzuhalten, durch den Raum gehen. Sobald im Kopf ein wenig Ruhe eingekehrt ist, können die inneren Bilder entstehen.

Fantasiereise

Sie stehen auf einer Straße, rechts und links sind Häuser. Die Straße kommt Ihnen bekannt vor. Sie nehmen die Gerüche dieser Straße auf, die Geräusche, Sie spüren das Pflaster unter Ihren Füßen. Weit vor sich sehen Sie ein Kind auf der Stufe vor einem Haus sitzen. Es schaut zu Ihnen hin, als würde es warten. Sie gehen auf das Kind zu, weil Sie erkennen, wer dort auf den Stufen sitzt. Es ist das Kind, das Sie einmal waren. Sie merken, daß Ihnen diese kleine Gestalt, obwohl sie sich bei jeder Begegnung verändert, immer vertrauter wird. Sie strecken die Hände nach dem Kind aus und nehmen es bei der Hand. Gemeinsam gehen Sie die Straße weiter zu einem großen Haus. An der Tür zögern Sie einen Moment, weil Sie nicht wissen, ob es richtig ist, das Kind dort mit hineinzunehmen. Sie spüren ...

Nach einigem Zögern sind Sie entschlossen, die Tür zu öffnen und gemeinsam mit dem Kind, das Sie einmal waren, das Haus zu betreten. Sie schauen sich in die Augen, lächeln sich ermutigend zu und betreten einen großen Raum, eine Art Empfangshalle. Die Halle hat außer der großen Eingangstür noch vier weitere Türen. Jede Tür hat eine andere Form. Sie wenden sich der ersten Tür links zu. Über der Tür steht »Wohnen«. Sie betreten gemeinsam den Raum und sehen ...

Sie bieten dem Kind an Ihrer Seite an, in dem Raum zu verändern, was es gerne verändern möchte. Das Kind beginnt ...

Sie stellen mit Erstaunen fest ...

Danach verabschieden Sie sich von diesem Raum und betreten wieder die Halle. Sie wenden sich der nächsten Tür zu. Über der Tür steht »Arbeit«. Sie betreten diesen neuen Raum und sehen ...

Spielerisch beginnt das Kind einiges zu ändern ...

Sie stellen mit Erstaunen die Veränderung fest ...

Sie verabschieden sich von diesem zweiten Raum, kehren in die Halle zurück und wenden sich der nächsten Tür zu. Über der Tür steht »Liebe«. Sie betreten diesen Raum und sehen ...

Auch dieser Raum verändert sich, sobald das Kind beginnt, alles, was in diesem Raum ist, mit zärtlichen Händen zu berühren.

Sie stellen mit Erstaunen fest …

Sie verabschieden sich auch von diesem Raum und, zurückgekehrt in die mittlere Halle, wenden Sie sich der letzten Tür zu. Über dieser Tür steht: »Selbst«. Sie betreten den Raum und sehen …

Sie bieten dem Kind an, in diesem Raum zu verändern, was es verändern möchte. Sie bitten es aber auch, vorsichtig vorzugehen, da Veränderungen ihre Zeit und ihre Gewöhnung brauchen. Das Kind beginnt ganz vorsichtig … Es sieht immer wieder zu Ihnen, prüft, ob die Veränderung für Sie in Ordnung ist, und wartet darauf, daß Sie ihre Zustimmung geben. Sie brauchen nur mit dem Kopf zu schütteln und es stellt die alte Ordnung wieder her.

Sie wundern sich, als folgendes geschieht …

Sie bleiben eine Weile Hand in Hand in diesem letzten Raum, dann verabschieden Sie sich auch von diesem letzten Raum und gehen zurück in die Halle. Zu Ihrer Verblüffung sehen Sie erst jetzt, daß mitten in der Halle, auf einer Art Podium, ein großer und ein kleiner Thron, prächtig geschmückt auf Sie warten. Sie betreten das Podium und nehmen auf den Sesseln nebeneinander Platz. Sie legen beide Hände mit den Handflächen nach oben auf den Schoß und schließen die Augen. Etwas wird in Ihre Hände gelegt. Sie halten die Augen weiter geschlossen, um zu ertasten, was es ist, das Ihnen hier an diesem besonderen Ort geschenkt wurde. Sie fühlen …

Dann öffnen Sie die Augen und sehen …

Und Sie begreifen, daß dieses Geschenk Ihnen helfen wird, …

Sie spüren die ganze Kraft des Geschenkes und schließen noch einmal die Augen, um seine Wirkung zu erfahren.

Erst nach langer Zeit öffnen Sie die Augen und wenden sich dem Kind zu, das auf dem kleinen Sessel neben Ihnen sitzt. In seinen Händen trägt es …

Sie wissen nicht genau, was dieses Geschenk in den Händen des Kindes zu bedeuten hat. Da lächelt das Kind an Ihrer Seite und so, als käme seine Stimme tief aus Ihrem Innern, sagt es: „Dieses Geschenk wird dir und mir helfen, …"

Sie umarmen sich und verlassen diesen wundersamen Ort, ohne sich noch einmal umzublicken. Die Geschenke nehmen Sie mit sich. Sie treten ins Tageslicht und sehen ...

Langsam verabschieden Sie sich von Ihrer Reise und kehren in den Raum zurück, wo Ihre Matte liegt und wo Ihre Reise begonnen hat.

Ursula Craemer, Mitglied der Assoziation für Unitive Psychotherapie, arbeitet seit vielen Jahren als Psychotherapeutin mit Schwerpunkt Gestalt-Therapie und Bio-Energetik.

Sie bietet Seminare an, macht Einzel- und Gruppentherapie und veranstaltet themenbezogene Workshops.

Anschrift: Ursula Craemer, Germaniaplatz 41 a, 6000 Frankfurt am Main

Dieses Buch ist für jene bestimmt, die sich in ihrer Lebenssituation und mit sich selbst nicht wohl fühlen. Es ist als Hilfe für jene gedacht, die zwar Veränderungen herbeiführen möchten – doch nicht wissen wie.

Wer sich darin wiedererkennt, wird hier, praktisch und einfühlsam, dazu angeleitet, seine festsitzenden Gewohnheiten und Emotionen zu erforschen, seine wirklichen Bedürfnisse zu entdecken und persönliche Lebenslösungen zu finden, die dem eigenen Weg entsprechen.

Stéphanie Spindler
Die Kunst, den eigenen Weg zu finden
120 Seiten, broschiert
ISBN 3-925828-27-3

Leonard ist es bisher nicht gelungen, in seinen Beziehungen Glück und Erfüllung zu finden. Wieder einmal am Nullpunkt angekommen, begegnet er in einem Café einer geheimnisvollen Frau. Sie lehrt ihn den Widerspruch zwischen Liebe und Leidenschaft und zeigt ihm den Weg aus der Verwirrung des Herzens.

Wenn Du geliebt werden willst,
mußt Du damit anfangen,
selbst zu lieben.

Auch Du wirst nach dieser magischen Geschichte viel besser die Gesetze verstehen, von denen unsere Beziehungen bestimmt werden.

Mark Fisher
Die neue Kunst des Liebens
110 Seiten, broschiert
ISBN 3-925828-20-6